Michael Stollwerk

3x3 Überlebenshilfen für gestresste Prediger

Michael Stollwerk

3x3 Überlebenshilfen für gestresste Prediger

Bewegendes zu Weihnachten, Ostern und Pfingsten

Fromm Verlag

Impressum/Imprint (nur für Deutschland/ only for Germany)
Bibliografische Information der Deutschen Nationalbibliothek: Die Deutsche Nationalbibliothek verzeichnet diese Publikation in der Deutschen Nationalbibliografie; detaillierte bibliografische Daten sind im Internet über http://dnb.d-nb.de abrufbar.

Coverbild: www.ingimage.com

Contact:
International Book Market Service Ltd., 17 Rue Meldrum, Beau Bassin, 1713-01 Mauritius
Website: www.bookmarketservice.com
Email: info@bookmarketservice.com

Gedruckt in: USA, UK, Deutschland. Dieses Buch wurde nicht in Mauritius produziert.

Imprint (only for USA, GB)
Bibliographic information published by the Deutsche Nationalbibliothek: The Deutsche Nationalbibliothek lists this publication in the Deutsche Nationalbibliografie; detailed bibliographic data are available in the Internet at http://dnb.d-nb.de.

Cover image: www.ingimage.com

Contact:
International Book Market Service Ltd., 17 Rue Meldrum, Beau Bassin, 1713-01 Mauritius
Website: www.bookmarketservice.com
Email: info@bookmarketservice.com

Printed in: U.S.A., U.K., Germany. This book was not produced in Mauritius.

ISBN: 978-3-8416-0331-9

Inhalt

Liebe Leser,

ich halte gerne Predigten und höre auch gerne Predigten.
Ist Letzteres der Fall, spüre ich fast instinktiv, ob eine solche Ansprache unter dem Druck der übervollen Woche während einer durchwachten Nacht entstanden ist, oder ob da ein Gottesmann fröhlich und entspannt die Muße hatte, sich vom Wort der Bibel berühren und inspirieren zu lassen.
Mit dem Predigen verhält es sich offenbar wie mit anderen Alltagserfahrungen auch: Es ist alles eine Frage des rechten Maßes. Und dieses rechte Maß an kreativem Schaffen gerät im Leben eines Pfarrers zuweilen aus dem Lot. Vorzugsweise ereignet sich solches nun leider ausgerechnet vor den kirchlichen Hochfesten: Weihnachten, Ostern und Pfingsten.
Vor allem rührt dies daher, dass den genannten Festen mit der Advents- und Passionszeit, Christi Himmelfahrt und zahlreichen Amtshandlungen ohnehin eine Periode intensivierter geistlicher Rufbereitschaft vorgeschaltet ist. Kommt dann noch das eine oder andere Gemeindeglied plötzlich seiner himmlischen Berufung nach und es stehen zusätzliche Beerdigungen an, ist zwar nicht Holland in Not, aber dafür mancher Gottesknecht.
Für genau solche Situationen habe ich diese 3 x 3 Ansprachen zusammengestellt. Es sind keine ausgefeilten „Kunstpredigten“ mit einem erhöhten sprachlichen oder akademischen Anspruch. Der Charakter der freien und lebendigen Rede ist auch in seiner schriftlichen Form weitestgehend bewahrt, was die persönliche Aneignung der ursprünglich im Dom zu Wetzlar gehaltenen Predigten erheblich erleichtert.

Sie wollen so etwas wie kleine „Überlebenshilfen“ sein und dazu beitragen, dem Druck der Ereignisse ein Schnippchen zu schlagen. Denn ein leer gepredigter Pfarrer belastet nicht nur sich selbst, sondern auch seine Gemeinde, die sich ja gerade zu Weihnachten, Ostern und Pfingsten nach schönen und ermutigenden Gottesdiensten sehnt. Und weil nicht jeder in der Lage ist, solche schönen und ermutigenden Gottesdienste zu besuchen, sind diese Predigten natürlich auch als Festtagslektüre für daheim geeignet.
Ziehen Sie sich damit zurück und spüren Sie dem nach, was es mit Weihnachten, Ostern und Pfingsten auf sich hat – mal besinnlich, mal heiter, mal ernst.

Wetzlar, in der Osterzeit 2012

Michael Stollwerk

1. Alle Jahre wieder – Weihnachtspredigten

„Weihnachten ist *Kult.*“
Predigt zu Heiligabend zu Lukas 2, 10-11

10 Und der Engel sprach zu ihnen: Fürchtet euch nicht! Siehe, ich
verkündige euch große Freude, die allem Volk widerfahren wird;
11 denn euch ist heute der Heiland geboren, welcher ist Christus, der
Herr, in der Stadt Davids.

Schön, dass Sie sich alle immer wieder am Heiligabend im Gottesdienst einfinden.
Ich meine das ernst, ich freue mich wirklich.
Denn Sie sind ja da, obwohl Sie vermutlich ahnen, dass Ihnen am Heiligabend in der Kirche nichts Neues geboten wird.
Sie kennen die Weihnachtsgeschichte, vielleicht sogar fast auswendig.
Sie kennen die Lieder, die wir singen, auch die Gesangsvorträge der Kantorei.
Sie wussten, dass es wohl voll werden würde im Dom, auch ein bisschen kühl, unbequem.
Und ich nehme einmal an, Sie sind davon ausgegangen, dass auch der Pfarrer in der Predigt Ihnen nichts wesentlich Neues sagen wird.
All das wussten und wissen Sie und *trotzdem* sind Sie da.

Oder sollte ich lieber sagen: Gerade *deshalb* sind Sie da?
Es gibt ja Dinge, die kann man nicht oft genug hören, sich nicht oft genug „reinziehen“, die tun einfach immer wieder gut.
Ich erinnere mich an dieser Stelle an meine Studienzeit.

Da gab es in Tübingen ein Kino, in dem lief einmal im Jahr immer wieder zur selben Zeit der Film „die Feuerzangenbowle“.
Dieser „alte Schinken“ hatte unter uns Studenten so eine Art Kultstatus. - Wenn der lief, war das Kino voll.
Und das Erstaunliche war: Ein guter Teil der Studierenden kannte die Dialoge fast auswendig und sprach sie mit.

Man wusste genau wann was passierte, und lachte sich schon im Vornherein über die Pointen kaputt.
Etwa wenn der gutmütige Lehrer Schnauz wieder mal Opfer eines Streichs wurde und sagte: „Nee, wat hat ihr ne fiese Charakter!“
Wie gesagt: eine Veranstaltung mit Kultstatus, zu der man hinging, die man sich ansah, nicht obwohl, sondern gerade weil sie einem so vertraut war.

Die interessante Frage ist nun: Wie kommt es dazu, dass etwas für mich eine Faszination gewinnt – so dass ich mich immer und immer wieder darauf einlasse?
Ich habe mich das gefragt und die Antwort, die ich gefunden habe, ist die Folgende:
Wenn etwas mich bleibend begeistert, so dass ich mich dem immer wieder stelle, dann muss es mich irgendwie in der Tiefe berühren.
Ich bin dem nachgegangen und habe festgestellt: Es stimmt!
Es stimmt wirklich!
Die „Feuerzangenbowle“ kann ich mir immer wieder ansehen, weil sie so unendlich viele Erinnerungen an die Schulzeit und den Schabernack, den wir dort getrieben haben, wachruft.

Bei Ihnen mag das etwas Anderes sein: Vielleicht ein Theaterstück, ein Werk der klassischen Musik oder auch ein bestimmter Ort, an den Sie immer gerne zurückkehren.

Aber wenn Sie es nachprüfen, werden Sie feststellen:
Mit dem, was bei Ihnen nie an Reiz verliert, obwohl Sie es schon genau kennen, verbindet sich etwas, das Sie in der Tiefe anrührt.

Wie ist das nun mit Weihnachten?
Was hat es mit Weihnachten auf sich, dass wir es immer und immer wieder mit Begeisterung feiern?
Was rührt der Heilige Abend in uns an, dass wir ihn niemals loswerden, selbst dann, wenn wir beschließen aus Unsicherheit oder Protest nach Mallorca oder auf die Malediven zu fliegen?
Ich weiß nicht, wie Sie diese Frage für sich beantworten.

Ich kann Ihnen nur sagen, warum Weihnachten für mich „Kultstatus" hat.

Es hat einen einfachen Grund:
Weihnachten sagt mir: Deine Sehnsucht nach einer heilen Welt ist nicht vergeblich!
Deine Sehnsucht nach einer heilen Welt hat ein Zuhause: Bethlehem!
Der zentrale Satz der Weihnachtsgeschichte lautet:
„Euch ist heute der Heiland geboren, welcher ist Christus, der Herr, in der Stadt Davids."
Es darf etwas heil werden in dieser Heiligen Nacht. Das ist der Kern des Ganzen. Und wenn Sie mich fragen, so brauchen wir nichts so sehr wie genau diese Perspektive.

Schauen Sie sich nur einmal die Jahresrückblicke an, die in diesen Tagen um Weihnachten auf allen Kanälen und in allen Zeitungen auf uns einprasseln.
Resümees eines Jahres. Dabei haben mehr als 70 % der Ereignisse, die uns da in Erinnerung gerufen werden, erfahrungsgemäß einen negativen Charakter:
Schreckensstunden, Bilder von Katastrophen, von Elend und Gewalt.

Nun mögen Sie sagen: Na ja, aber das sagt doch noch nicht viel aus.
Es ist eben nun mal so, dass schlechte Nachrichten sich besser verkaufen lassen als Gute: „Only the bad news sell“
Aber sehen Sie, schon die Tatsache, dass das so ist, zeigt doch etwas.
Schon die Tatsache, dass wir für schlechte Nachrichten wesentlich empfänglicher sind als für „good News“, zeigt doch schon, dass da im Tiefsten etwas nicht in Ordnung ist - auch mit uns selbst.
Wenn wir selbst intakt wären, dann dürfte die Lust am Negativen, die dem allem zugrunde liegt, doch nicht so einen Einfluss auf uns haben.
Es ist einfach so. Es stimmt etwas nicht mit dieser Welt. Es stimmt etwas nicht mit mir. Da ist etwas durcheinander geraten, das ganz anders gedacht war – und zwar jenseits der großen Katastrophen.

Denken Sie nur einmal an die ganz kleinen Dinge des Lebens:
Denken Sie nur einmal daran, wie schwer es uns fällt, über einen längeren Zeitraum hinweg glücklich zu sein.
Oder denken Sie an unsere Schwierigkeiten damit, dankbar, zufrieden zu sein, unser Leben so zu gestalten, dass es in Eintracht mit sich selbst und anderen steht.
Und genau hier holt uns der Engel in der Weihnachtsnacht ab, indem er uns wie den Hirten damals zuruft:

Siehe, ich verkündige Euch große Freude, denn Euch ist heute der Heiland geboren, welcher ist Christus, der Herr, in der Stadt Davids.

Nun liegt natürlich die Frage nahe: Was haben die Hirten eigentlich gesehen, außer einem kleinen, hilflosen Kind in der Krippe?
Was hat sich für sie verändert nach dieser Nacht? Ob in ihrem Leben danach wirklich alles glatt gelaufen ist?
Um mit dem Letzteren zu beginnen: Wissen Sie, ich glaub das nicht!
Ich glaub das nicht', dass die Hirten nach der Heiligen Nacht für den Rest ihres Lebens auf Wolke sieben geschwebt haben.
Ich glaub', dass eher alles ganz normal weitergegangen ist, wie das Leben eben so spielt.
Da wird einer von ihnen vielleicht steinalt gestorben sein und mitbekommen haben, was mit dem Kind später geschehen ist und seinen Enkeln davon erzählt haben.
Ein anderer ist unter Umständen kurze Zeit später schwer erkrankt, an Aussatz, Lepra, Krebs.
Und ein dritter hat sich vielleicht bei dem Versuch, eines seiner Schafe zu retten, das Bein gebrochen, darauf seinen Job verloren und den Rest seines Daseins in Armut gefristet.
Das alles mag passiert sein. Aber *eins* wird sich für die Hirten geändert haben in dieser Nacht.

Eins wird sie seitdem zeitlebens begleitet haben, und das ist die Gewissheit:
„Ich habe Gott in die Augen geschaut. Damals in Bethlehem. Ich weiß jetzt: Gott hält sich nicht in irgendwelchen verborgenen Winkeln des Universums auf.

Nein, er ist mitten unter uns. Er ist dort, wo wir ihn vielleicht am wenigsten vermuten: im Elend, in der Armut, im Leid, in der Einsamkeit. Ich mag mich von Gott und allen guten Geistern verlassen fühlen und bin es doch nicht. Denn Gott ist Mensch geworden, und ich habe seine Herrlichkeit aufblitzen sehen – in einem Stall, umgeben von Hunger, Angst und Not "

Verstehen Sie, wenn Sie gleich nach Hause gehen, dann erwarten Sie bitte nicht, dass sich diese Welt oder auch Ihre ganz persönliche Welt von jetzt auf gleich verwandelt in ein himmlisches Idyll. Das geschieht mit Sicherheit nicht.

Im Gegenteil: Es mag sein, dass sich irgendwelche terroristischen Zirkel gerade diesen Tag aussuchen, um ihren Schrecken besonders eindrucksvoll in Szene zu setzen.

Es mag sein, dass irgendeine schwimmende Rostlaube, gerade in dieser Nacht irgendwo vor Wangerooge Leck schlägt und die Nordsee mit einem Ölteppich überzieht.

Es mag sein, um ein ganz harmloses Beispiel zu nennen, dass ein Teil der Weihnachtsgeschenke, die sie mit viel Mühe und Liebe ausgesucht haben, gar nicht oder falsch ankommt.

Vielleicht werden Sie Ihrem Enkel ein Schlagzeug schenken und erleben, dass Ihr Schwiegersohn sagt:

„Junge, ich schenke Dir dreihundert Euro, wenn Du nicht darauf spielst."

Ja, so etwas kann passieren. Dann seien Sie bitte möglichst wenig frustriert.

Unsere Welt wird sich auch nach dieser Heiligen Nacht vorerst so weiterdrehen, als ob nichts weiter geschehen wäre. Das war auch damals so bei den Hirten auf dem Felde.

Aber wie damals bei den Hirten auf dem Felde so kann auch für *Sie* unsere Welt dadurch ein anderes Gesicht bekommen, dass sie die weihnachtliche Gewissheit in sich tragen: „Gott ist gegenwärtig“
Gott ist gegenwärtig, inmitten aller immer wieder aus den Fugen geratenden Zusammenhänge, inmitten meines eigenen chaotischen Lebens. Es gibt von daher einen Ort letzter Geborgenheit, aus dem uns nicht reißen kann.
Und weil das so ist, darf ich völlig angstfrei und zuversichtlich auch dem entgegensehen, was mir gegenwärtig vielleicht Sorgen macht, was ich nicht im Griff habe und – wer weiß – auch nicht in den Griff kriege.

Nun bin ich Ihnen natürlich nach wie vor die Antwort darauf schuldig, was denn die Hirten im Stall von Bethlehem so Besonderes gesehen haben?
Was hat dieses Kind nur an sich gehabt, das diese hart gesottenen Männer hinterher sagen konnten: „Wir haben da Gott gesehen. Wir haben da in Gestalt diese schreienden und in Windeln gewickelten Kindes dem Allmächtigen in die Augen geblickt und dieser Blick hat all unseres Sehnsucht geheilt.“

Hat das Kind selbst vielleicht eine bestimmte Ausstrahlung gehabt?
Ist es von einer bestimmten Aura umgeben gewesen, der man sich einfach nicht entziehen konnte?
Soll ich ehrlich sein? Ich weiß es nicht. Und die Bibel ist an dieser Stelle im Unterschied zum Koran auch erstaunlich zurückhaltend
Das Einzige, was ich tun kann, ist, mit Ihnen zu teilen, was mir selbst vor vielen Jahren einmal aufgefallen ist.

Das war so: Irgendwann einmal hab ich mich mit Menschen unterhalten, die mir erzählten, dass ihnen die Sache mit Jesus und allem, was mit Weihnachten und Ostern zusammenhängt, unendlich wichtig ist.
Und dabei habe ich, ungeachtet dessen, ob diese Leute mir sympathisch waren oder nicht, in deren Augen so ein seltsames Glänzen entdeckt.
Ein Glänzen, das mir fremd war. Eine Leidenschaft, die mir fremd war.
Dem bin ich damals nachgegangen.
Und als ich dann anfing, in den Evangelien zu lesen, habe ich festgestellt:
Hey, diese Begeisterung und diese Freude kenne ich doch!
Das, was hier in der Bibel steht und das, was diese Menschen, die sich Christen nennen, so zu begeistern scheint, das hat die gleiche Grundlage.
Und dann habe ich mir gedacht: Moment mal, keine Freude und keine Begeisterung hat aus sich heraus die Kraft 2000 Jahre zu überleben.
Sondern wenn das so ist, dass der Glanz dessen, was damals geschehen ist, auch heute noch Menschen erfüllt, dann muss da was dran sein.
Tja, und dann hat es mich selber gepackt und ich hab' mich verliebt.

Ich habe mich verliebt in diese alten Geschichten, verliebt in Gott, verliebt in das Kind in der Krippe, verliebt vor allem in den Satz:
„Dir ist heute der Heiland geboren, welcher ist Christus, der Herr, in der Stadt Davids."

Eine heile Welt, heiles Leben ist möglich - auch dann, wenn es um uns herum chaotisch zugehen mag.
Das, liebe Gemeinde, kann man sich nicht oft genug sagen bzw. sagen lassen.

Und darum bin ich sicher, dass wir uns immer und immer wieder hier am Heiligen Abend einfinden werden,

- gerade weil uns diese Geschichte so vertraut ist
- gerade weil wir wissen, was uns erwartet
- gerade weil wir zumindest erahnen, worum es dabei geht.

Weihnachten lebt von etwas anderem als von seiner Originalität.
Weihnachten lebt von dem, was es in uns anrührt.
Darum ist Weihnachten ‚Kult'
Amen

„Fündig geworden?“

Predigt am 1. Weihnachtstag zu Lukas 2, 12

In der Weihnachtsgeschichte heißt es:
„Und das habt zum Zeichen: Ihr werdet finden das Kind in Windeln gewickelt und in einer Krippe liegen.“ Lk. 2,12

Wir dürfen fündig werden zu Weihnachten. Gott ist mit uns noch nicht am Ziel, wenn wir wie die Hirten damals etwas zur Kenntnis genommen haben.
Gott ist mit uns noch nicht am Ziel, wenn eine Sehnsucht in uns durch die besondere Atmosphäre am Heiligen Abend geweckt ist. Nein, wir sollen tatsächlich fündig werden.
Nun ist das mit dem Suchen und Finden allerdings so eine Sache. Wenn man etwas sucht, dann ist es gut, wenn man es zielgerichtet tun kann, wenn man konkrete Anhaltspunkte hat.
Und das gilt umso mehr, wenn das Gesuchte sich an einem ungewöhnlichen Ort befindet.
Von einem Vater erfuhr ich neulich, dass er nach der Arbeit stundenlang seine Pantoffeln gesucht hat, bevor er sie dann zufällig gefunden hat: und zwar als er eine Flasche Bier aus dem Kühlschrank holen wollte.
Pantoffeln im Kühlschrank: - Offenbar empfand der vierjährige Sohn das als einen adäquaten Aufbewahrungsort für so etwas.
(Vielleicht verbirgt sich dahinter der dezente Hinweis: „Papa, nach der Arbeit riechen Deine qualmenden Socken oft so unangenehm. Da sollten wir das Ganze etwas abkühlen)

Wenn Sie Kinder haben, haben Sie vermutlich ähnliche Geschichten schon erlebt.

Manchmal ist es eben nicht so leicht, Dinge zu finden. Und das kann natürlich an *dem* liegen, der das Objekt der Suche versteckt hat. Es kann aber auch in der Natur der Sache selbst liegen.
Und letzteres scheint nun in der Weihnachtsgeschichte der Fall zu sein. Denn ehrlich gesagt: Wo soll man denn den suchen, von dem es eben in der Botschaft der Engel hieß, er sei der Messias Israels?

Wo soll man den suchen, von dem es heißt, er sei Christus, der Herr, in der Stadt Davids?
Bei diesen Hoheitstiteln und Ehrenbezeichnungen hätte ich vermutlich nach irgendeinem möglichst repräsentativen Ort in Bethlehem oder Jerusalem Ausschau gehalten. Aber auf die Idee, in den Viehställen nach dem Herrn der Welt zu suchen, wäre ich vermutlich nie gekommen. Von daher brauchen die Hirten, brauchen auch wir, Suchhilfen, Anhaltspunkte für unser Suchen nach Christus und damit nach Gott. Und diese Suchhilfe wird uns gegeben. Es ist eine verblüffende Suchhilfe, aber eine wichtige:
„Und das habt zum Zeichen: Ihr werdet finden das Kind in Windeln gewickelt und in einer Krippe liegen."

Dieser biblische Wegweiser beinhaltet drei Aspekte:

1. <u>Gott ist keine zeitlose Idee, sondern Person</u>

Ich weiß nicht, woher es kommt, aber irgendwie sind die meisten Menschen bei der Frage nach Gott auf irgendein abstraktes Prinzip oder Gedankengebäude fixiert. Weshalb sie sich dann auch in endlosen Debatten über dieses so genannte *höhere Wesen* verlieren können.
Ob dieses höhere Wesen überhaupt denknotwendig sei, und wenn ja inwiefern.

Und Sie können sich darauf verlassen: Alle Jahre wieder gräbt der Spiegel zu Weihnachten irgendeinen Unfug heraus, um den christlichen Glauben in irgendeiner Form verächtlich zu machen.
Sei es nun, dass die Geschichtlichkeit irgendwelcher biblischer Ereignisse in Frage gestellt oder auch ein künstlicher Widerspruch zwischen Evolutionstheorie und Schöpfungsglaube vom Zaun gebrochen wird.
Klar, natürlich geht die Bibel davon aus, dass Gott diese Welt geschaffen hat. Und wir haben diesbezüglich auch einen ästhetisch wunderschönen und gehaltvollen Schöpfungsbericht.
Aber schon in diesem Schöpfungsbericht liegt aller Nachdruck auf der *Beziehung Gottes zum Menschen* und nicht auf irgendwelchen molekularbiologischen Zusammenhängen.

Gott ist kein Prinzip, er ist Person. Er ist ein *Beziehungs*wesen.

Das ist die eigentliche Pointe der Geschichte: Und zwar nicht nur der Schöpfungsgeschichte und aller in der Bibel erzählten historischen Ereignisse, sondern auch der Weihnachtsgeschichte.
Deshalb müssen die Hirten zum Stall nach Bethlehem, weil sich diese Wahrheit nur in der *Begegnung* erweist.
Und zwar in einer Begegnung, bei der möglicherweise alle bisherigen Ansichten und Vorurteile über den Haufen geworfen werden.

Dabei geht es nicht zuletzt auch um unsere Ansichten und Vorurteile über das, was es heißt, Mensch zu sein und was Gott mit ihm zu tun hat.
Wissen Sie, manchmal denke ich: Die Idee, dass die Schimpansen und wir Menschen die gleichen Vorfahren haben, die liegt sehr nahe. Die

liegt wirklich sehr nahe. Dazu brauch ich persönlich noch nicht einmal die Evolutionstheorie.
Dazu muss ich nur morgens beim Rasieren mal kritisch in den Spiegel schauen...
Aber dass Gott um meinetwegen, diesem schlecht rasierten, sprachfähigen Schimpansen in diese Welt gekommen ist, *das* ist überhaupt nicht nahe liegend!

Das muss mir gesagt werden. Und das wird mir gesagt nicht etwa von einem Charles Darwin, sondern vom Evangelisten Lukas.
Das ist der Kern der Weihnachtsgeschichte.
Gott kommt zu uns nicht als Prinzip, sondern als Person, um uns zu finden und sich von uns finden zu lassen. Daran geht kein Weg vorbei.
Das hat zur Folge:

2. Gott ist nicht oben, sondern unten

Gott ist ein Beziehungswesen, sagte ich gerade. Er ist jemand, der mit uns Kontakt aufnehmen möchte. Aber warum will er das eigentlich?
Warum ist er sich nicht selbst genug in seiner himmlischen Herrlichkeit, erfüllt von der Freude an dem, was er geschaffen hat?
Die Antwort auf diese Frage ist sehr nüchtern: Gott sieht seine Schöpfung den „Bach heruntergehen“.

Er sieht uns in unserer Gesamtheit als Menschheit, wie auch jeden Einzelnen von uns, zutiefst gefährdet.
Vergessen wir nicht: Die vielen wunderbaren Weihnachtslieder, die wir in diesen Tagen voll Inbrunst singen und die Ihnen hoffentlich das Herz erwärmen, sind geradezu durchtränkt von diesem *heiligen* Ernst. Denken

Sie nur an dieses innige: ‚Ich steh’ an Deiner Krippen hier’ in unserem Gesangbuch.
„Ich lag in tiefster Todesnacht“ heißt es da in der dritten Strophe „Du warest meine Sonne.“
Oder denken Sie an die Weihnachtshymne schlechthin: „O Du fröhliche!“
Wie lautet da der Text? - „Welt ging *verloren,* Christ ist geboren. Darum: Freue, Freue Dich o Christenheit.“
Mit anderen Worten: Die Weihnachtsfreude hat einen ernsten Hintergrund.
Es steht gar nicht gut um uns. Und manch einem ist dies aufgrund seiner Lebenserfahrungen vielleicht auch schon bewusst.
Andere tanzen dagegen noch unbeschwert auf dem Vulkan.
Aber wie dem auch sei: Christus ist gekommen, um uns zu retten.

Aber um einen Menschen zu retten, bedarf es im Allgemeinen der Nähe.
Stellen Sie sich einen Rettungsschwimmer vor, der vom Strand aus einem Ertrinkenden wild gestikulierend vormacht, wie er sich zu verhalten hat.
Das wäre Quatsch: Nein, ein Rettungsschwimmer muss selbst rein ins Wasser und den Ertrinkenden rausziehen.
Oder stellen Sie sich vor: Sie sehen Ihr Kind auf die Straße laufen. Ja, da laufen Sie als Mutter oder Vater doch nach und packen zu. Hinterher können Sie ja von mir aus schimpfen. Aber erst mal müssen Sie zupacken!

Sehen Sie, und genau das hat Gott in dem Kind in der Krippe getan.
Er hat seine Ewigkeit und Unendlichkeit verlassen und sich in Raum und Zeit begeben, um wirklich zupacken zu können. Er hat sich zu uns

aufgemacht, um uns genau dort zu begegnen, wo unsere größte Gefährdung liegt.

Aber wo liegt denn unsere größte Gefährdung?
Es gibt eine Geschichte über den russischen Kosmonauten Gagarin.
Ich nehme an, der Name sagt Ihnen etwas: Juri Gagarin war der erste Mensch, der erfolgreich mit einem Raumschiff die Erde umkreist hat.
Und natürlich wurde in der Zeit des kalten Krieges dieser Sieg der sowjetischen Weltraumfahrt propagandistisch ausgeschlachtet.

Gagarin wurde um die ganze Welt geschickt, um von seinen Erlebnissen im Weltraum zu berichten. Und dabei pflegte der sowjetische Kosmonaut seine Zuhörer stets mit folgender Bemerkung zu amüsieren. Er sagte sinngemäß: „Ich bin zu der Überzeugung gekommen, dass es keinen Gott geben kann. Denn ich bin im Weltall gewesen.
Und ehrlich gesagt: Ich habe dort weit und breit keinen Gott gesehen."
Immer wieder die gleiche Anekdote, der gleiche Witz: „Ich war im Himmel, und ich habe Gott nie gesehen."

Doch eines Tages predigte der Russe sein Evangelium vom leeren Himmel in einer kleinen Stadt in der Ukraine. Dort saß in der Versammlung eine alte Babuschka (Großmutter). Es war eine jener Frauen, die trotz Diktatur und Versammlungsverbot an ihrem Glauben festhielten.
Als der Kosmonaut wieder einmal seine inzwischen legendäre Bemerkung machte, da stand diese Babuschka auf und sagte: „Towarisch Gagarin, Genosse Gagarin: Ich glaube Ihnen, dass sie Gott nirgendwo gesehen haben. Und wissen Sie auch warum nicht? In meiner Bibel steht ein wichtiger Satz.

Jesus sagt: Selig sind die *reinen Herzens* sind, denn *sie* werden Gott schauen."

Liebe Gemeinde: Könnte es sein, dass darin unser Problem mit Gott liegt?

Weihnachten ist eine Einladung, an dieser Stelle nachdenklich zu werden, sehr, sehr nachdenklich.

Was ist geschehen mit unseren Herzen – unterwegs – auf dieser langen Reise durch unser Leben?

Schauen Sie, auch ein N.N. (Fügen Sie hier ein aktuelles oder historisches Bsp. eines in die Schlagzeilen geratenen Wirtschaftskriminellen ein) war einmal ein unschuldiger kleiner Junge. Ein kleiner Junge, der vielleicht davon geträumt hat, eines Tages ein Robin Hood zu werden, ein Schrecken der Reichen und Wohltäter der Armen.

Was ist aus ihm geworden? Ein Sheriff von Nottingham – zumindest ist das der Eindruck, den wir heute gewinnen.

Oder welches kleine Mädchen hat nicht einmal davon geträumt, eine Prinzessin zu werden – herausgekommen ist nach der Pubertät so manches Luder. Je hübscher, je erfolgreicher, umso gefährdeter.

‚Selig sind, die reinen Herzen sind, denn sie werden Gott schauen' sagte die alte Babuschka

Gott möchte, dass wir fündig werden und ihn schauen - und zwar sowohl über dem Sternenzelt als auch in der Tiefe unserer Seele. Genau darum aber ist er von oben nach unten in unsere Welt gekommen:

- um uns im Blick auf das, was uns gefährdet, zu retten
- um uns zu reinigen von dem, was sich uns im Laufe der Jahre wie eine Patina auf die Seele gelegt hat: an Verhärtung, an Verbitterung, an

Gleichgültigkeit, auch an Müdigkeit, Kraftlosigkeit oder ganz schlicht an inneren Abnutzungserscheinungen.

Dazu ist Gott Mensch geworden im Kind in der Krippe
Dazu wird er ein Gott zum Anfassen – für die Hirten, für den Mann auf der Straße, für Dich und mich. Wir sollen fündig werden im Blick auf das, was unser Leben heil macht.
Ganz kurz ein Letztes:

3. Gott kommt nicht in Macht, sondern in Ohnmacht

Was gibt es schon Wehrloseres und Hilfloseres als ein kleines Kind in der Krippe?
Erstaunlich ist, dass Gott in einer Welt, die so von Macht und Gewalt regiert wird wie die Unsrige, genau diesen Weg wählt, um sie zu erlösen.
Auf den ersten Blick ist das ein geradezu halsbrecherisches Unternehmen.
Und doch wählt Gott diesen Weg – den Weg der Ohnmacht und der völligen Hilflosigkeit.
Das Kind in der Krippe ist eigentlich mit nichts ausgestattet, was man normalerweise braucht, um sich in dieser Welt durchzusetzen.

Es ist nur mit einem ausgestattet: mit Liebe. Und wie sich später zeigen wird: mit einer schier grenzenlosen Liebe.
Es ist eine Liebe, die dem nachgeht, der sie verachtet.
Es ist eine Liebe die niemanden zwingt – auch zum Glauben nicht.
Es ist eine Liebe, die warten kann und die eigentlich nur eines hofft:
Nämlich dass der Mensch, dem sie gilt, endlich erkennen möge, wie sehr er sie braucht.

Dieser Weg der liebenden Machtlosigkeit war und ist der einzige Weg, wie dieser Welt und jedem einzelnen von uns wirklich geholfen werden kann.
Das also sind die Kennzeichen Gottes, wie sie im Kind in der Krippe sichtbar geworden sind:
Gott ist Mensch. Er ist ganz nah. Sein Wesen besteht in errettender Liebe.
Die Hirten auf dem Feld von Bethlehem haben diese Merkmale Gottes für sich akzeptiert. Sie haben nicht gelacht und gesagt: „Hör auf, uns von solch einem Heiland zu erzählen, das glaubst Du doch wohl selber nicht."
Nein, Sie haben es gewagt, der Weihnachtsbotschaft Vertrauen zu schenken und sind dadurch fündig geworden.

Es ist eben so: Manchmal findet man die wichtigsten Dinge an den kuriosesten Orten

- Pantoffeln im Kühlschrank
- Eine Brille in Backofen
- Einen Gott in der Krippe.

Amen

„Die Weihnachtshymne“

Predigt am 2. Weihnachtstag zu Lukas 2, 13 - 14

13 Und alsbald war da bei dem Engel die Menge der himmlischen Heerscharen, die lobten Gott und sprachen:
14 Ehre sei Gott in der Höhe und Friede auf Erden bei den Menschen seines Wohlgefallens.

Können Sie sich Weihnachten eigentlich ohne Weihnachtslieder vorstellen?
Also für mich wäre das wie eine Hochzeit ohne Braut oder wie ein Festessen ohne einen guten Wein. Irgendetwas würde mir da fehlen.

Deshalb meine Frage: Sind Sie an diesem Weihnachtsfest schon ins Singen gekommen? Oder gehören Sie zu der steigenden Zahl von Menschen, die nicht mehr selber singt, sondern allenfalls singen lässt - zuhause vom CD-Player und in der Kirche vom Banknachbarn.

Wie dem auch sei: Ich hoffe, Sie kommen an diesem Weihnachtsfest noch ins Singen.
Oder besser gesagt: *Gott* bekommt Sie ans Singen. - Wenn schon nicht mit dem Mund, vielleicht weil man gerade heiser ist, so doch mit dem Herzen.

Es ist ein ganz bestimmtes Lied, das ER in unseren Herzen wecken will. Ich rede vom ältesten und allerersten Weihnachtslied: Das Gloria der Engel auf den Feldern von Bethlehem:
„Ehre sei Gott in der Höhe und Frieden auf Erden bei den Menschen seines Wohlgefallens.“

Wer dieses Lied von Herzen mitsingt, der hat Weihnachten begriffen bzw. den hat Weihnachten *er*griffen.

Was besingt dieses Lied? Drei Gedanken dazu

1. Dieses Lied besingt Gottes grenzenlose Liebe - Wem Weihnachten gilt

Für wen ist es Weihnachten geworden? Die Engel singen: Es ist Weihnachten geworden für die „Menschen seines Wohlgefallens."
Wobei interessant ist zu schauen, an welchen Menschen er denn Wohlgefallen hat.
Sind es die Anständigen, die Sympathischen, die, die den Weg zur Kirche zumindest hin und wieder noch finden?
Die Weihnachtsgeschichte zeigt: Was Gott an uns Gefallen finden lässt, das sind nicht *unsere Qualitäten* sondern *seine Liebe.*

Und seine Liebe fragt nicht danach, ob denn nun jemand auch seiner Liebe wert ist. Diese Liebe schafft vielmehr das Liebenswerte.
Um das zu dokumentieren, ist Gott zu allererst zu denen gekommen, die zu ihrer Zeit vom menschlichen Wohlgefallen ausgeschlossen waren: zu den Hirten.
Den Abgeschobenen, Abgeschriebenen, den sozial Disqualifizierten sagt er seine Liebe zu. „Ihr seid Menschen meines Wohlgefallens."
Dabei ist allerdings Folgendes zu beachten: Gott unterscheidet sehr deutlich zwischen unserer Person und unserem Tun. Er ist in dieser Beziehung ähnlich wie wir als Eltern. Wir mögen unsere Kinder immer und unter allen Umständen lieben.

Aber gleichzeitig können wir uns gezwungen sehen, dann und wann auch einmal deutliche Worte zu finden oder auch einzuschreiten, wenn wir sehen, das unsere Kinder sich vergaloppiert haben.
Genauso ist es bei Gott. Dass wir alle so sind, wie der Mensch nun mal ist, ist der Grund allen Leids in dieser Welt.

Und so kann Gott an dieser Stelle durchaus hart sein. Gerade *weil* er den Menschen liebt, wird das Kind in der Krippe eines Tages als Erwachsener die Dinge schonungslos beim Namen nennen:

- unseren Egoismus
- unsere Lieblosigkeiten,
- unsere Fassaden und Masken, die wir uns aufgesetzt haben,
- unseren Hochmut.

Aber den Menschen dahinter liebt er. Und er möchte, dass er wieder menschlich, *mit*menschlich wird.
Also: dieses älteste Weihnachtslied besingt die Liebe Gottes, die niemanden ausgrenzt, sondern jeden zu Recht bringen will – und zwar durch das Geschenk seines Friedens.

Damit wären wir beim nächsten Punkt.

2. Dieses Lied besingt Gottes großes Tun – Was Weihnachten bewirkt

Was wird den Menschen, denen Gottes Wohlgefallen gilt, versprochen? Die Engel singen „Frieden auf Erden."
Weihnachten bringt Gottes Geschenk des Friedens. Es bringt den Frieden Gottes auf die Erde.

Nun mag dies zunächst mal Skepsis in uns hervorrufen. Denn wenn wir in die Welt schauen, so scheint es zu lauten: „2000 Jahre und kein bisschen Friede."
Ob die Engel da nicht den Mund ein bisschen voll genommen haben im Angesicht der abertausenden Konflikte im Großen wie im Kleinen?

Nun, Weihnachten heißt: Es *ist* Friede – allerdings ein Friede, der den Wesens*kern* allen Unfriedens betrifft und sich auf der Symptomebene erst langsam durchsetzen muss.
Der Friede der Weihnacht ist ein Friede zwischen Gott und Mensch, dem Ursprung allen Friedens bzw. Unfriedens.

Machen wir uns klar: Alle äußeren Brüche dieser Welt – die Einbrüche, Wortbrüche, Vertragsbrüche, Ehebrüche bis hin zu Kriegsausbrüchen haben ihren eigentlichen Ursprung darin, dass Menschen ein *ge*brochenes Verhältnis zu Gott und seinem Willen haben.

Sie haben die Brücken zu ihm *abge*brochen, weil sie ihr eigener Herr sein wollten.
Es erschien Ihnen so reizvoll, sagen zu können: „Ich tue, was *ich* will. Ich verantworte mich vor mir selber."
Und in einer frommen Version wird Gott dann unter Umständen sogar noch für den eigenen Willen vereinnahmt, indem man sagt:
„Der Herr hat mir gezeigt..." selbst wenn das, was der Herr da angeblich gezeigt hat, im diametralen Widerspruch gegenüber dem Wort Gottes in der Bibel steht.

Mit solchen Sätzen schickt man seinem Schöpfer die Kündigung. Es bedeutet: „Dein Wille soll für mich nicht mehr gelten.“ Es ist die menschliche Revolution gegen Gott.
Was macht aber Gott mit diesen Revolutionären? Er schickt keine Kündigung. Er schickt seinen Sohn.

Weihnachten ist Gottes Brückenschlag zu den Menschen. Und im Kind in der Krippe macht er deutlich: Ich erkläre Euch Revolutionären nicht den Krieg, sondern den Frieden.
Jesus ist die ausgestreckte Hand Gottes, um uns mit ihm versöhnen zu lassen. Wer das nicht glaubt, der soll sich ansehen, wie Jesus gelebt hat bis hin zum Kreuz.

Christus hat den Frieden Gottes gelebt: Frieden zwischen Himmel und Erde.
Und von diesem Frieden zwischen Himmel und Erde her kann es dann auch zum Frieden zwischen verfeindeten Menschen kommen - im Großen wie im Kleinen.
Und das ist kein Hirngespinst oder eine rein theoretische Vorstellung.

Ich weiß nicht, ob Sie schon einmal den Film „Merry Christmas“ gesehen haben. Dort geht es um ein schier unglaubliches Ereignis mitten im ersten Weltkrieg.
Deutsche und französische Soldaten kauern am Heiligen Abend in ihren Schützengräben, noch gezeichnet von den Verwundungen eines grausamen, Körper und Seele zermürbenden Stellungskrieges.
Doch dann stimmt auf deutscher Seite ein Soldat das alte Weihnachtslied ‚Stille Nacht, Heilige Nacht an.’

Und kaum dringen diese Klänge an das Ohr des einige Meter gegenüberliegenden Feindes, da beginnt dort der Frost der erstarrten Herzen aufzutauen.
Nach kurzer Zeit singt und klingt es an einem ganzen Frontabschnitt weihnachtlich.
Und nicht nur das: die Feinde steigen aus ihren Gräben, gehen aufeinander zu und feiern für ein paar Stunden das Fest des Friedens und der Liebe.
Das, liebe Gemeinde, ist es, was Weihnachten bewirken kann und will: Versöhnung und Frieden über allen Hass und alle Zwietracht hinweg.

Leider bleibt diese wunderbare Szene innerhalb des Krieges nur eine Episode.
Die Maschinerie von Tod und Gewalt fordert bald wieder ihren Tribut.
Aber das gehört eben auch zu der Einsicht, die uns das Lied der Engel vermitteln will: Der Friede Gottes überfällt uns nicht wie ein Schicksal oder eine unwiderstehliche Glücksdroge.

Gott geht den schweren Weg über die Herzen der Menschen. Sein Friede will wie ein Samenkorn in unser Herz kommen.
Dort will er Wurzeln fassen und zu wachsen beginnen. Denn nur so kann und will Gott uns verändern.
Und nur durch so veränderte Menschen verändert Gott die Welt.

3. Dieses Lied singt das Lob Gottes – Wem wir Weihnachten verdanken

Wir haben das Lied der Engel vom Ende her durchbuchstabiert, denn Danken hat mit Denken zu tun.
Wir haben Gottes Weg in Jesus zu uns *nach*gedacht.

Können wir jetzt singen: „Ehre sei Gott in der Höhe“?
Wir können es, wenn wir entdeckt haben: Ich komme in diesem Lied vor.
Auch mir gilt die Liebe Gottes. Auch mir gilt sein Frieden.

Wir können es mitsingen, wenn wir für uns entdeckt haben: In Christus hat Gott auch mich gemeint. Es muss nicht alles beim Alten bleiben. Ich muss mich mit belasteten Beziehungen nicht abfinden. Die Möglichkeit, Schritte der Versöhnung zu gehen, steht mir offen.
Was der Andere mit meiner neuen Offenheit tut, steht auf einem anderen Blatt.
Er kann es wahrnehmen und wertschätzen. Er kann es auch ablehnen.
Aber der vielleicht noch vorhandene Unfrieden in meinem Herzen darf in Gottes Frieden aufgehoben sein. Und das lehrt mich, sogar mit Ablehnung besser umzugehen.

Jesu Besuch auf der Erde war keine einmalige Weihnachtsstippvisite.

Seine Verheißung gilt: „Siehe ich bin bei Euch alle Tage bis an der Welt Ende.“
Kein Tag ist ein Tag ohne ihn.
Kein Tag ist ein Tag ohne seine Nähe.
Kein Tag ist ein Tag ohne seine Liebe und Zuwendung.

Gott ehren heißt nun, ihm die Rolle zu überlassen, die ihm gebührt. Und ihm gebührt zweifellos der Ehrenplatz in unserem Leben.

Dabei geht es nicht zuerst um die Feiertage, um die besonderen Stunden im Leben.

Nein, Gottes Ehrenplatz ist es, wenn wir ihn heranlassen an unsere Probleme, wenn wir nach seinen Weisungen fragen in den drängenden Fragen dieser Welt.
Damit ehren wir ihn.

Wenn wir dies wagen, sind wir automatisch ein Teil dieses ewigen Chores der Engel, die da singen: „Ehre sei Gott in der Höhe und Friede auf Erden bei den Menschen seines Wohlgefallens."

Möge dies die Melodie und das Lied unseres Lebens sein: Heute, morgen und an jedem Tag, der uns von Gott geschenkt ist.

Amen

2. Unglaublich, aber wahr! - Osterpredigten

„Das heran gezoomte Kreuz“
Predigt am Karfreitag zu Johannes 19, 16-30

16 Da überantwortete er ihnen Jesus, dass er gekreuzigt würde. Sie nahmen ihn aber

17 und er trug sein Kreuz und ging hinaus zur Stätte, die da heißt Schädelstätte, auf Hebräisch Golgatha.

18 Dort kreuzigten sie ihn und mit ihm zwei andere zu beiden Seiten, Jesus aber in der Mitte.

19 Pilatus aber schrieb eine Aufschrift und setzte sie auf das Kreuz; und es war geschrieben: Jesus von Nazareth, der König der Juden.

20 Diese Aufschrift lasen viele Juden, denn die Stätte, wo Jesus gekreuzigt wurde, war nahe bei der Stadt. Und es war geschrieben in hebräischer, lateinischer und griechischer Sprache.

21 Da sprachen die Hohenpriester der Juden zu Pilatus: Schreib nicht: Der König der Juden, sondern dass er gesagt hat: Ich bin der König der Juden.

22 Pilatus antwortete: Was ich geschrieben habe, das habe ich geschrieben.

23 Als aber die Soldaten Jesus gekreuzigt hatten, nahmen sie seine Kleider und machten vier Teile, für jeden Soldaten einen Teil, dazu auch das Gewand. Das war aber umgenäht, von oben an gewebt in einem Stück.

24 Da sprachen sie untereinander: Lasst uns das nicht zerteilen, sondern darum losen, wem es gehören soll. So sollte die Schrift erfüllt werden, die sagt (Psalm 22,19): »Sie haben meine Kleider unter sich

geteilt und haben über mein Gewand das Los geworfen.« Das taten die
Soldaten.
25 *Es standen aber bei dem Kreuz Jesu seine Mutter und seiner Mutter*
Schwester, Maria, die Frau des Klopas, und Maria von Magdala.
26 *Als nun Jesus seine Mutter sah und bei ihr den Jünger, den er lieb*
hatte, spricht er zu seiner Mutter: Frau, siehe, das ist dein Sohn!
27 *Danach spricht er zu dem Jünger: Siehe, das ist deine Mutter! Und*
von der Stunde an nahm sie der Jünger zu sich.
28 *Danach, als Jesus wusste, dass schon alles vollbracht war, spricht er,*
damit die Schrift erfüllt würde: Mich dürstet.
29 *Da stand ein Gefäß voll Essig. Sie aber füllten einen Schwamm mit*
Essig und steckten ihn auf ein Ysoprohr und hielten es ihm an den
Mund.
30 *Als nun Jesus den Essig genommen hatte, sprach er: Es ist*
vollbracht!, und neigte das Haupt und verschied.

Es ist faszinierend!

Menschen können die gleichen Dinge erleben und dabei doch ganz Unterschiedliches sehen. Es ist so, als ob wir in unserer Wahrnehmung alle so eine innere Kamera unseren Augen vorgeschaltet hätten.

Und diese inner Kamera macht ganz individuelle Bilder von dem, was geschieht.

Da gibt es unterschiedliche Bilder aus unterschiedlichen Blickwinkeln mit unterschiedlicher Brennweite.

Nun wäre es einmal interessant, die Bilder zu vergleichen, die wir von dem aufnehmen, was um uns herum geschieht.

Was würde sich da wohl ergeben?

Bei den Berichten, die uns vom Leiden und Sterben Jesu überliefert sind, können wir das tun. Denn da haben uns quasi vier Menschen den Eindruck wiedergegeben, die diese umwälzenden Ereignisse rund um den Karfreitag auf sie gemacht haben.

Und sie geben uns unterschiedliche Bilder vom Leiden Jesu, weil ihre innere Kamera offensichtlich verschieden eingestellt gewesen ist.
Tendenziell kann man sagen: Die Synoptiker, Matthäus, Markus und Lukas, haben recht viel mit Weitwinkel gearbeitet. Ihnen ging es offensichtlich darum, möglichst viel aufs Bild zu kriegen, ihren Bericht möglichst vollständig werden zu lassen.

Johannes, der vierte Evangelist, ist anders. Er arbeitet sehr stark mit dem Teleobjektiv. Und das wissen Sie: Ein Teleobjektiv fokussiert sehr stark. Damit kann man Detailaufnahmen machen. Man nimmt ganz bewusst nicht alles in den Blick, sondern konzentriert sich auf das, was man besonders betonen möchte.

Was hat Johannes besonders scharf gestellt? Und auch: was hat er übergangen?
Gehen wir den entwickelten Bildern seiner Passion nach.

Als erstes fällt auf: Johannes macht wenige Bilder vom Kreuzweg selbst.
Die bekannte Gestalt des Simon von Kyrene taucht, z.B. gar nicht auf.
Dass es da jemand gibt, der Jesus hilft, sein Kreuz zu tragen, ist Johannes nicht wichtig.

Jesus hat sich das Kreuz auf die Schultern geladen, das ist ihm das Entscheidende.
Der Evangelist Johannes will damit sagen: Das, was Christus am Karfreitag erleidet, geschieht stellvertretend für uns. Dabei kann man selber nicht eingreifen, sondern das kann man sich nur staunend gefallen lassen.
Dass da jemand Deine Schuld und Dein Versagen entsorgt - das kannst Du Dir nur gefallen lassen.
Dass da jemand Dein Leben vor Gott in Ordnung bringt - das kannst Du Dir nur gefallen lassen.
Dass da jemand, die Macht des Bösen und des Todes besiegt - das kannst Du Dir nur gefallen lassen.

Das alles erledigt Christus. Er allein. Du nicht. Du musst im Blick auf die Frage, wie Dein Leben heil wird, nicht mit anpacken. Christus ist es, der handelt.
Der Kreuzweg und Simon von Kyrene, der herbeigerufene Zuschauer, sind bei Johannes vollständig ausgeblendet. Ähnlich wie mit Simon von Kyrene geht es mit den beiden anderen Männern am Kreuz. Sie werden nur am Rande erwähnt.
Im Lukasevangelium ist es ja so, dass sich sogar ein Gespräch zwischen den Verbrechern und Christus entwickelt.

Johannes mag es gewusst haben. Aber das ist für ihn kein Motiv. Stattdessen richtet er mit seinem Teleobjektiv die Aufmerksamkeit auf ein rein optisch winziges Detail. Und das holt er sich ran.
Da ist eine kleine Aufschrift am Kreuz angebracht: „Jesus von Nazareth - König der Juden!“

Genau dies ist das Thema, das Johannes interessiert: Derjenige, der hier hängt, das ist nicht irgendeine austauschbare Randgestalt der Geschichte. Nein, hier hängt der, von dem das Schicksal der ganzen Menschheit abhängt.

Johannes legt offensichtlich größten Wert darauf, dass diese Aufschrift in *drei* Sprachen abgefasst ist.
Hebräisch – dass ist die Sprache der Bibel und der biblischen Verheißungen. Und dazu Lateinisch und Griechisch, die beiden Weltsprachen der Antike.

Eine dieser drei Sprachen verstand *jeder* in der damaligen Zeit, bis hinein in das letzte gallische Dorf bei Asterix und Obelix. Für Johannes ist das nichts Nebensächliches, sondern ein Detail der Kreuzigung, das eine Großaufnahme wert ist.
Denn damit wird für alle Ewigkeit festgehalten: Christus, der Gekreuzigte, ist der Herr.
Es ist nicht Pilatus, der in dieser Welt das Sagen hat.
Es sind nicht die Caesaren und Augustusse von denen unser Geschick im Leben und im Sterben abhängt - auch nicht die großen Wirtschaftsbosse dieser Welt.
Sie alle mögen für einen Moment das Sagen haben. Für den Wimpernschlag eines Augenblicks mögen sie sogar relevanter erscheinen als Gott selbst.

Aber ihre Zeit ist begrenzt. Ihre Macht ist begrenzt. In Wahrheit regiert ein anderer, und das ist der, der da am Kreuz hängt. Nicht die Willkür menschlicher Macht behält den Sieg, ganz egal, auf was für eine Legitimation sie sich auch stützen mag: ob demokratisch oder militärisch.

Den Sieg behält allein die Macht der Liebe, so wie sie sich am Kreuz gezeigt hat.
„Ich bete an die Macht der Liebe, die sich in Jesus offenbart." - das will uns Johannes zeigen.
Jesus von Nazareth - König der Juden, Erfüllung der biblischen Verheißungen.
Die kleine Aufschrift über dem Haupt des Gekreuzigten zeigt, worum es in Wahrheit geht. Aber diese Wahrheit wird immer wieder in Frage gestellt - von Menschen.
Sie wird in Frage gestellt von Menschen, die das nicht wahrhaben wollen, es am liebsten verdrängen würden.
Und auch das bewegt Johannes. Und so zeigt er uns in einer 2ten Detailaufnahme die Hohenpriester.

V.21 Da sprachen die Hohenpriester zu Pilatus: Schreib nicht: ´Der König der Juden`, sondern, dass er gesagt hat: ´Ich bin der König der Juden. `

Mit anderen Worten: die objektive Wahrheit, die die Aufschrift am Kreuzesbalken festhält, soll zurechtgestutzt werden auf das Niveau einer bloßen Behauptung.
„Hey, Pilatus: Sag nicht, dass es so ist. Sondern formuliere es so, dass es als eine bloße Behauptung im Raume steht."

Merken Sie etwas? Die moderne Tendenz, Wahrheit zu subjektivieren, Wahrheit zu relativieren, ist gar nicht so modern. Sie ist uralt. Von Anfang an haben Menschen versucht, *so* den Anstoß des Kreuzes aus dem Weg zu schaffen. Und das, was die Hohenpriester damals bereits versuchten, wird bis heute konsequent weiterverfolgt.

Das Vorgehen hat Methode, denn damit ist es möglich, dem verbindlichen Anspruch Christi auf unser Leben aus dem Weg zu gehen.

Das Neue Testament stellt dem gegenüber jedoch im Sinne einer verbindlichen Wahrheit fest:
Jesus Christus, der für uns am Kreuz verblutet ist, ist derjenige, der in dieser Welt das Sagen hat.
Dies wirkt bis tief in unsere christlichen Gemeinden hinein als Provokation.
Denn viele unserer Zeitgenossen scheinen nach dem Motto zu denken und zu handeln: „Ja, Jesus, stirb Du ruhig mal. Das ist als ein mögliches Angebot spiritueller Sinnfindung vielleicht gar nicht so schlecht. Aber wenn sich für mich eine Glaubensform ergibt, die mir attraktiver erscheint, hast Du eben Pech gehabt. Da musst Du mit leben bzw. sterben."

Also: Gefragt sind der kundenfreundliche Jesus und die kundenfreundliche Kirche, die ihren Mitgliedern religiöse Teilangebote macht, aus der sich jeder dann individuell seinen Glaubenscocktail mixen kann. Jeder entscheidet selbst, wie und was er glaubt, wann und in welcher Form er sich zur Kirche hält usw.

Aber kann es *das* sein? Meinen Sie im Ernst, Christus wäre ans Kreuz gegangen und dort jämmerlich verreckt, damit wir uns einen bunt gemischten Wahrheits- und Glaubenscocktail mischen können? - Ganz individuell, je nach Gousteau, so wie eine Einbauküche?

Ich bin davon überzeugt, dass die Wahrheit sich nicht derart zu Recht stutzen lässt. Dazu ist das, was am Kreuz geschehen ist, viel zu ernst.

Das Kreuz Jesu lässt sich nicht bedarfsgerecht verpacken. Wenigstens das hat der Römer Pilatus geahnt. Er hat sonst in unserer Geschichte nicht viel begriffen. Aber das hat er intuitiv geahnt.

Und so antwortet er den Hohenpriestern: „Nein, es bleibt alles so, wie es ist. Was ich geschrieben habe, das habe ich geschrieben."
Dem Evangelisten Johannes liegt viel an diesen Zusammenhängen. Darum stellt er seinen Zoom an dieser Stelle entsprechend scharf. Damit *hier* keine Zweifel aufkommen.

Andere Dinge wiederum bewegen ihn weniger. So übergeht er praktisch den ganzen Spott und Hohn, der sich über dem Gekreuzigten entlädt - in Form der Soldaten, der Herumstehenden und der unendlich vielen Gaffer, die sich am Leiden des unschuldig Verurteilten ergötzen.
Stattdessen lenkt Johannes sein ganzes Interesse auf den Gekreuzigten selbst - auf den Gekreuzigten und dessen Liebe zu uns Menschen.
Es ist eine Liebe, die offenbar selbst im größten Schmerz nicht damit aufhört, sich um uns zu bemühen.
Denn das ist doch das Erstaunliche: Eigentlich sollte man davon ausgehen, dass Christus wenigstens jetzt am Kreuz einmal ganz mit sich selbst beschäftigt ist.
- Dass er wenigstens in seinem Todeskampf an nichts anderes denken kann als daran, wie sich sein Schmerz vielleicht am erträglichsten aushalten lässt.

Aber Johannes hält den sterbenden Jesus in einer Momentaufnahme fest, in der er sogar hier noch ganz bei den Seinen ist.
Er sieht seine Mutter und seinen Lieblingsjünger und stiftet zwischen den beiden Gemeinschaft:

„Frau, siehe, das ist Dein Sohn! Danach spricht er zu dem Jünger: Siehe, das ist Deine Mutter!“

Johannes zeigt uns in dieser Momentaufnahme nicht nur, wie Jesus kurz vor seinem Tod noch die wichtigsten familiären Angelegenheiten regelt:
- wie er also für seine Mutter sorgt, der nun der leibliche Sohn genommen wird.
- und wie er seinem Schüler, der bis dahin ganz auf ihn fixiert gewesen war, Verantwortung überträgt.

Nein, Johannes, vermittelt uns gleichzeitig mit dieser intimen Momentaufnahme auch die tiefste Wesensbestimmung von dem, was eigentlich Gemeinde und Kirche ausmacht.
Maria, die Mutter Jesu, und dieser Jünger - sie werden quasi zu einem Urbild für die christliche Gemeinde.

Denn genau das bedeutet Kirche ihrem Wesen nach: Gemeinschaft unter dem Kreuz Christi. Kirche bedeutet Gemeinschaft von Menschen, die eigentlich gar nichts miteinander zu tun haben - die nicht blutsverwandt sind, so wenig wie Maria und dieser Jünger von Natur aus miteinander verwandt sind - aber die doch zusammengehören, weil das Blut Jesu sie zusammenschweißt.

Viele Menschen meinen, Kirche sei so etwas wie ein Zusammenschluss von Leuten, die alle irgendwie eine soziale Ader haben. Ach, ich kenne so viele, die sind in der Kirche und haben überhaupt keine soziale Ader! Sie bekommen sie hoffentlich irgendwann, aber sie haben sie nicht von Natur aus.

Andere meinen: Kirche, dass sei die Gemeinschaft all derer, die irgendwie religiös interessiert sind. Aber, wissen Sie, als ich selbst zur Kirche kam, da war ich religiös überhaupt nicht interessiert. Ich war begeisterter Handballer, das schon! - Aber Kirche, nee!
Wir müssen begreifen: Kirche, das ist etwas Anderes, etwas ganz Anderes!

Kirche, das ist die Gemeinschaft derer, die irgendwann einmal unter dem Kreuz Christi zum Stehen gekommen sind. Und die dann gemerkt haben: „Moment mal, das hat ja was mit mir zu tun. Da komme ich nicht dran vorbei!"

Die Kirche, das sind Menschen, denen Jesus klar gemacht hat: „Der da, neben Dir, vor Dir, hinter Dir in der Kirchenbank - das ist Dein Bruder. Das ist Deine Schwester. Zu denen gehörst Du jetzt dazu. Ob die Dir sympathisch sind oder nicht, ob die Deinem sozialen oder geistigen Niveau entsprechen oder nicht - das alles spielt keine Rolle. Ich bin für Euch gestorben, das ist das Einzige was zählt."

Kirche, christliche Gemeinde - das ist eine von Christus gestiftete Gemeinschaft unter dem Kreuz.
„Von der Stunde an nahm sie der Jünger zu sich" - heißt es in V.27.

Merken Sie was? Von einer verbindlichen Lebensgemeinschaft ist hier die Rede, von einer Lebensgemeinschaft bis in die privaten Bereiche des Alltags hinein.
Eine schöne Aufnahme von Kirche, die Johannes hier gemacht hat. Mit der Mutter Jesu und seinem Lieblingsjünger als Urbild.
Und dann macht der Evangelist noch eine Großaufnahme.

Es ist vollbracht! – So lauten nach Johannes die letzten Worte Jesu am Kreuz.
Es ist vollbracht! - Was ist vollbracht? Alles! Alles ist vollbracht!
Die Gefahr, diese Welt könnte im Chaos enden, Gott entgleiten -
Sie ist überwunden! Unsere berechtigte Angst, wir könnten mit unserem Leben derart Schiffbruch erleiden, dass es sein Ziel nicht erreicht - Sie ist überwunden!
Der Geruch des Todes, der allem anhaftet, was lebt und vergänglich ist -
Er ist überwunden.
Sie können hier einsetzen, was sie wollen: Bitterkeit, Schmerz, Resignation, Hass, Schuld, Versagen - Dies alles mag es in ihrem Leben noch geben. Ohne Zweifel!
Aber der Drang dieser Mächte, Ihr Dasein zu ruinieren, es für Gott unbrauchbar zu machen, ist durch Christus überwunden.
Und von daher sind wir eingeladen, innerlich aufzuatmen - nicht erst am Ostersonntag, sondern schon heute, am Karfreitag.

Machen Sie es doch wie der Apostel Johannes. Setzen Sie Ihrer Seele ein Teleobjektiv auf. Und dann zoomen Sie den Gekreuzigten ganz nahe an sich heran. Immer näher. Und dann stellen Sie scharf! – Solange, bis Sie diesen Satz für sich persönlich von seinen Lippen ablesen können:
Es ist vollbracht!
Und dann drücken Sie innerlich auf den Auslöser. Damit diese Großaufnahme nicht mehr verloren geht, sondern in ihrem Herzen bleibt.
Amen

„Wer bringt den Stein ins Rollen?"
Predigt am Ostersonntag zu Markus 16, 1-8

Vorbemerkung:
Neben der Tradition des österlichen Lachens gab es in bestimmten Regionen auch Ostertänze. Im Kontext dieser Osterpredigt wurde im Vorfeld ein liturgischer Tanz im Altarraum eingebaut. Allerdings lässt sich die Predigt auch ohne die Inszenierung eines solchen Ostertanzes halten. In diesem Falle wäre lediglich der Einstieg leicht zu modifizieren.

Liebe Gemeinde,
das haben wir auch noch nicht gehabt. Ein Tanz im Ostergottesdienst.
Im Mittelalter war man das übrigens durchaus gewohnt. Da tanzte am Ostermorgen die Gemeinde und ihr Pfarrer förmlich in die Kirche – als leibhafter Ausdruck der Freude über die Entmachtung des Todes. Denn eigentlich ist Ostern nichts, was man vom Kopf allein her erfassen kann. Es ist eine ganzheitliche Erfahrung, denn immerhin heißt Ostern: Gott stellt alle Erfahrungen auf den Kopf. Und das merken wir, wenn wir den Auferstehungsberichten im Neuen Testament nachgehen. Im Markusevangelium liest sich das zum Beispiel so:

Markus 16, 1-8
1 Und als der Sabbat vergangen war, kauften Maria von Magdala und Maria, die Mutter des Jakobus, und Salome wohlriechende Öle, um hinzugehen und ihn zu salben.
2 Und sie kamen zum Grab am ersten Tag der Woche, sehr früh, als die Sonne aufging.
3 Und sie sprachen untereinander: Wer wälzt uns den Stein von des Grabes Tür?

4 Und sie sahen hin und wurden gewahr, dass der Stein weggewälzt war; denn er war sehr groß.
5 Und sie gingen hinein in das Grab und sahen einen Jüngling zur rechten Hand sitzen, der hatte ein langes weißes Gewand an, und sie entsetzten sich.
6 Er aber sprach zu ihnen: Entsetzt euch nicht! Ihr sucht Jesus von Nazareth, den Gekreuzigten. Er ist auferstanden, er ist nicht hier. Siehe da die Stätte, wo sie ihn hinlegten.
7 Geht aber hin und sagt seinen Jüngern und Petrus, dass er vor euch hingehen wird nach Galiläa; dort werdet ihr ihn sehen, wie er euch gesagt hat.
8 Und sie gingen hinaus und flohen von dem Grab; denn Zittern und Entsetzen hatte sie ergriffen. Und sie sagten niemandem etwas; denn sie fürchteten sich.

So weit der Bericht vom österlichen Morgen nach Markus.
Wir haben eben schon in österlicher Freude getanzt, aber wir merken: die Frauen am Grab kommen da noch nicht so ganz mit. Sie sind irgendwie noch etwas überfordert – als erste Zeugen der Auferstehung. Sie fürchten sich!
Ich denke, ihre Reaktion ist nachvollziehbar, wenn wir uns klarmachen, was es für sie da alles zu verkraften gibt.
Ich möchte es unter drei Überschriften zusammenfassen:

1. Ostern heißt: statt eines Steines – ein freier Weg

Die Situation am Ostermorgen: Da gehen zwei Frauen zum Grab, um den toten Freund und Meister einzubalsamieren. Normalerweise macht man das im Orient unmittelbar nach Eintritt des Todes - allein schon wegen der klimatischen Verhältnisse. In unserem Fall hat der Tote schon

fast drei Tage gelegen. Da noch auf die Idee zu kommen, einen Leichnam in dieser Weise zu behandeln, ist einigermaßen verwegen. Ein erstes Anzeichen für den seelischen Zustand, in dem diese Frauen sich vermutlich befunden haben.
Aber sie machen sich auf - um dann unterwegs feststellen zu müssen: „Ja, sag' mal, wer schiebt uns denn eigentlich den Stein zur Seite?"
Eigentlich ist dies eine Überlegung, die sie reichlich spät anstellen, oder?
So etwas fragt man sich doch, bevor man sich auf den Weg macht.
Sie merken: diese Frauen sind alles Andere als im Vollbesitz ihres seelischen Gleichgewichts. Die sind fertig mit der Welt! Völlig verwirrt!
Wen sollte das auch wundern? Schließlich war der Grabstein, um den sie sich jetzt Gedanken machten, für Sie auch so etwas wie ein Schlussstein.
Er stand symbolisch für das Ende aller Hoffnungen. Für das Ende ihrer Träume und Wünsche, die sie mit Jesus verbunden hatten.
„Wir hatten gedacht, er sei derjenige, der Israel erlösen würde", so bringen es andere Auferstehungszeugen, die Emmausjünger in Lukas 24, auf den Punkt.

Ist natürlich die Frage: Warum machen die beiden Frauen sich dann überhaupt noch zu diesem Felsengrab auf?
– Wenn es doch das Ende ihrer Hoffnungen markiert?
Nun, ich denke, es ist ganz einfach Teil ihrer Trauerarbeit.
Viele von uns kennen das: Erfahrungen, insbesondere Enttäuschungen, müssen irgendwie verpackt, einbalsamiert werden. Dann fällt es uns leichter damit umzugehen.
Ein banales Beispiel: Als Bayern München, einmal frühzeitig aus der Champions League ausschied, meinte der Trainer anschließend im

Interview: „Na ja, das Ganze hat auch etwas Gutes. Jedenfalls kann sich meine Mannschaft jetzt ganz auf die Bundesliga konzentrieren."
– Ein schwacher Trost für Champions wie die Spieler des FC Bayern München!
Aber es mag helfen, mit einer großen sportlichen Enttäuschung umzugehen.

Oder was macht der unglücklich verliebte Junge, der von seiner Mitschülerin abgewiesen wird? Er wird versuchen, im Nachhinein möglichst viel Negatives an ihr zu finden, um dann sagen zu können: „Gut, dass ich mit *der* Zimtzicke nicht zusammen gekommen bin. Das wäre ja ein einziger Krampf geworden."
Kurzum: Es hilft, wenn wir unsere Niederlagen einbalsamieren können.
Es tut gut, irgendwelche wohlriechenden Öle über das kippen können, was den Geruch des Schmerzes oder des Todes in unser Leben hinein gebracht hat.
- Sei es nun, um das Vergangene zu ehren und zu betrauern oder auch einfach um es hinter uns zu lassen.

Aber hier in unserer Ostergeschichte kommt es anders. Der Verarbeitungsprozess der beiden Frauen wird jäh unterbrochen.
Der Stein vor dem Grab ihrer Hoffnungen ist weggewälzt! Wohlgemerkt: er hat sich nicht in Luft aufgelöst. Aber er ist zur Seite geschoben! Und er gibt den Weg frei, in das Innere des Grabes zu schauen.
Sehen Sie, das bedeutet Ostern: Die Steine dieser Welt kommen ins Rollen!
Nichts ist seit Ostern mehr so festgelegt, so eindeutig negativ, dass es unmöglich wäre, auch in der größten Enttäuschung Perspektive zu gewinnen.

Der weg gerollte Stein besagt: Diese Welt ist offen für Überraschungen! Diese Welt ist offen für Unerwartetes, Neues und zwar vielleicht gerade dann, wenn ich mich selbst oder Andere innerlich abgeschrieben habe. Christus *war* für diese Frauen und für alle Jünger seit Karfreitag innerlich abgeschrieben. Sie hatten bereits damit begonnen, sich innerlich damit abzufinden, dass sie einer einzigen großen Illusion aufgesessen waren.

Der weg geschobene Stein sagt:
Moment mal! Ob eine Sache aussichtslos ist oder nicht, darüber entscheidet nicht Ihr! Darüber entscheiden nicht irgendwelche von Menschen herbei gerollten Grabsteine! So eindrucksvoll, groß und gewaltig sie auch sein mögen!
Nein, ob eine Sache aussichtslos ist oder nicht, darüber befindet alleine Gott, der Herr. Allein ihm ist das Urteil über unsere Hoffnungen, Perspektiven und Aussichten überlassen.
Und was nun diesen Jesus von Nazareth angeht, da sagt Gott: „Täuscht Euch nicht. Dieses Kapitel ist mit Karfreitag längst nicht abgeschlossen. Überzeugt Euch selbst. Schaut Euch in seinem Grab um."

2. Ostern heißt: statt eines Toten – eine gute Nachricht

Ich weiß nicht, ob Sie sich das schon einmal klar gemacht haben:_Kaum etwas irritiert Menschen mehr, als wenn ihre Erwartungen durcheinander gebracht werden. - Selbst dann, wenn es sich um eine positive Überraschung handelt.
Ein bisschen Überraschung lassen wir uns ja gerne gefallen.

Also, wenn z.B. unsere Kirchenmusiker sich alljährlich bei der Faschingsmatinee etwas Besonderes ausdenken und meinetwegen ‚An der schönen blauen Donau' oder den ‚Radetzkymarsch' intoniert – ja,

dann ist das schon in Ordnung. Es ist eben Fasching und dann kann man so was schon mal machen.
Da bleibt der allgemeine Bezugsrahmen erhalten. Das kann man akzeptieren.
Aber jetzt stellen Sie sich mal was Anderes vor: Stellen Sie sich vor, unser Kantor würde sich am Karfreitag mit rot gefärbten Haaren an einen Synthesizer setzen und dann gemeinsam mit einem Presbyter an der E - Gitarre ein Lied von den Rolling Stones zum Besten geben: „I can't get no satisfaction!"

Stellen Sie sich das mal vor! Am Karfreitag! Also, ich bin sicher: das würde für erhebliche Irritationen, wahrscheinlich sogar für helles Entsetzen sorgen. Denn hier wird der Bezugsrahmen des Angemessenen gesprengt, unser normaler Erwartungshorizont völlig über den Haufen geworfen. Manche würde vielleicht sogar erschrocken fragen: „Hat unser Pfarrer unseren Kirchenmusiker am Ende in den Wahnsinn getrieben?"

Eben so etwas Radikales und gänzlich Überraschendes widerfährt den Frauen am Ostersonntag: Ihr Erwartungsrahmen wird völlig gesprengt. Sie betreten das Grab. Sie haben sicherlich eine klare Vorstellung von dem, was sie dort erwartet: der zerschundene Leib ihres Herrn, der typisch modrig muffige Geruch einer dunklen Höhle, Dreck, vielleicht sogar schon ein paar Ratten und Insekten.
Stattdessen erleben sie etwas völlig Anderes:
Nicht nur, dass der Leichnam fort ist – da hätten Sie sich vielleicht sogar noch einen Reim drauf machen können – Nein, da sitzt doch tatsächlich das pralle Leben in Gestalt eines Jünglings. Ein *Neaniskon'*, wie es im Griechischen heißt.

Zu Deutsch: etwas „frisches Männliches“, eine frische Gestalt.
Stellen Sie sich das mal vor: Sie betreten eine Grabeshöhle und treffen dort Hans Albers oder Fred Astaire zu ihren besten Zeiten! Das sprengt den Erwartungsrahmen der Frauen. Sie fragen sich: Wie soll ein Grab neues Leben hervorbringen?

Shalom Ben Chorin, der bekannte jüdische Theologe und Bibelausleger, weist darauf hin, dass es kein Zufall ist, dass es sich bei diesem Engel um eine derart jugendliche, vitale Gestalt handelt. Denkbar wäre ja auch gewesen, dass Gott sich für eine etwas reifere Gestalt der Gattung Engel entschieden hätte, um die Botschaft der Auferstehung zu übermitteln.
Aber Shalom Ben Chorin sagt: Der Bote versinnbildlicht in der Bibel das, was er verkündet! Er ist quasi die sichtbare Verkörperung seiner Worte.

Von daher bestätigt die Gestalt des Engels genau das, was er zu sagen hat: „Der Tod ist besiegt! Jesus lebt! Ein neues, unverbrauchtes Leben wartet auf ihn. Er ist nicht hier. Er ist auferstanden!“
Das übersteigt, wie gesagt, sowohl den Erwartungshorizont als auch den Verstehensrahmen der Frauen.

Und damit stehen sie nicht allein. Wenn wir ehrlich sind, müssen wir zugeben: Die Auferstehungsbotschaft hat zu allen Zeiten den Verstehensrahmen der Menschen gesprengt. Das, was da am Ostermorgen geschehen ist, ist einfach mit unseren Möglichkeiten weder zu fassen noch zu begreifen.
Natürlich hat es bis in die heutige Zeit hinein nie an Versuchen gefehlt, das leere Grab und alles, was damit zusammen hängt, auf irgendeine Weise rational befriedigend zu erklären. Allerdings bisher immer mit dem

Ergebnis, dass die gefundenen Lösungen mehr Probleme aufgeworfen als gelöst haben.
Was es staunend anzunehmen gilt, ist einfach dies:
Das leere Grab und die Auferstehung Jesu Christi ist der Grund unserer Hoffnung nicht obwohl, sondern gerade *weil* es all unsere Erwartungshorizonte sprengt. Gerade deshalb!

Sagen Sie doch selbst: Wie anders sollten wir denn erlöst werden von der Macht des Todes?
Wie anders sollten wir ihr denn entkommen können, dieser Spirale einer offenbar nie endenden Gewalt?
Wie anders sollte es denn möglich sein, dass eines Tages endlich all das zu seinem Recht kommt, wonach wir uns sehnen?
Wie sollte all das geschehen *ohne* einen unvergleichlichen und einmaligen Kraftakt Gottes?
Gott sei Dank ist der Allmächtige nicht auf die Grenzen dessen angewiesen, was wir uns vorstellen können. Und so steht das leere Grab da, unwiderruflich eingepflockt in die Geschichte der Menschheit, als Bürge der Auferstehung! So wie das Kreuz von Golgatha unwiderruflich eingepflockt steht für die Möglichkeit zur Versöhnung mit Gott.

Beides ist unbegreiflich, beides ist letztlich nicht zu verstehen. Und doch ist beides wahr, weil Gott es in Zeit und Raum für wahr erklärt hat.
„Ihr sucht Jesus von Nazareth, den Gekreuzigten? Er ist nicht hier, er ist auferstanden. Jesus lebt!" Das ist die gute Nachricht von Ostern.

3. Ostern heißt: statt einer Erinnerung – ein Zukunftsprogramm

Die Ostergeschichte mündet ein in einen Auftrag.

V.7: Geht aber hin und sagt den Jüngern und Petrus, dass er (Christus) vor euch hingehen wird nach Galiläa; dort werdet ihr ihn sehen, wie er euch gesagt hat.
Warum zitiert Jesus seine Jünger nach Galiläa? Aus Nostalgie? Weil dort alles so schön begonnen hatte? Damit sich der Kreis seines Wirkens dort schließt?
Alles denkbar, alles gute Gründe. Wichtiger aber ist etwas Anderes: Galiläa war seinerzeit diejenige Grenzregion mit dem größten heidnischen Bevölkerungsanteil innerhalb Israels.

Galiläa war daher der Brennpunkt aller sozialen und kulturellen Gegensätze. Anders formuliert: Es war die politische Krawallecke der Region. Indem Jesus seine Jünger dorthin bestellt, macht er deutlich: Ich bin nicht nur deshalb auferstanden, damit ihr wissen dürft, dass Ihr Euch nicht in mir getäuscht habt.
Ich bin nicht nur deshalb auferstanden, damit Ihr eines Tages in der Gewissheit sterben könnt, selig zu werden. Nein, ich bin auferstanden, damit *alle* Menschen es erfahren, dass die Grenzen der Krankheit und des Todes gesprengt sind.
Ich möchte, dass *jeder* es erfährt, dass es inmitten einer Welt des Elends einen Ort der Hoffnung und der Freude gibt.
Ich möchte, dass das Reich Gottes, das unter uns seinen Anfang genommen hat, jeden Winkel dieser Welt durchdringt.

Das ist die Absicht der Auferstehung. Und dazu gehört es, dass die Zeugen der Auferstehung sich in Bewegung setzen. Dass sie sich dort bemerkbar machen, wo diese Tatsache noch nicht bekannt ist oder auch in Vergessenheit zu geraten drohen.

Ich muss an dieser Stelle an das denken, was ich einmal mit an einer unserer fleißigen ehrenamtlichen Mitarbeiterinnen von der Domaufsicht erlebt habe.
Ein Stadtführer erläuterte Touristen unsere Kirche, und dabei legte er seinen Schwerpunkt allzu einseitig auf architekturgeschichtliche Aspekte. Eine Weile hörte die ältere Dame zu, bis sie sich schließlich zu der Bemerkung veranlasst sah:
„ Nun verraten Sie Ihren Gästen doch endlich einmal, was all die Kunstwerke hier eigentlich sagen wollen. Unser Dom ist doch kein Museum."
Ich dachte nur: „Recht hast sie!" Denn sicherlich ist jede Kirche und jedes Kunstwerk darin auch ein wichtiges Kulturgut! Aber ihr eigentlicher Sinn besteht in etwas Anderem.

Ihr eigentlicher Sinn besteht in der Verkündigung, darin, dass Menschen in diesem Haus an das erinnert werden, was an Karfreitag und Ostern geschehen ist. Es ist ein Ort, an dem die wahren Quellen des Lebens zu finden sind.
Jesus sagt: „Ihr seid meine Zeugen. Aber Ihr seid nicht allein. Ich gehe Euch voraus."
In diesem Sinne: Lasst uns die Gegenwart unseres auferstandenen Herrn miteinander hier feiern und bejubeln.
Und danach gehen wir in seinem Auftrag hinaus – auf die Straßen, Plätze und Parks unserer Stadt, um es allen zu sagen:
Der Herr ist auferstanden! Er ist wahrhaftig auferstanden!

Gesegnete Ostern!
Amen

Nachbemerkung: Die Besucher des Ostergottesdienstes bekamen am Ausgang kleine, liebevoll gestaltete Osterpräsente überreicht, um sie an Nachbarn, Freunde etc. weiter zu geben.
Wem dies zu aufwendig erscheint: Kleine Osterkarten mit einem inhaltlichem Impuls, wie sie überall im christlichen Buchhandel erhältlich sind, erzielen eine ähnliche Wirkung.

„Ostern geht durch den Magen!"

Predigt am Ostermontag zu Jes. 25, 6+8-9

6 Und der HERR Zebaoth wird auf diesem Berge allen Völkern ein fettes Mahl machen, ein Mahl von reinem Wein, von Fett, von Mark, von Wein, darin keine Hefe ist.

8 Er wird den Tod verschlingen auf ewig. Und Gott der HERR wird die Tränen von allen Angesichtern abwischen und wird aufheben die Schmach seines Volks in allen Landen; denn der HERR hat's gesagt.

9 Zu der Zeit wird man sagen: »Siehe, das ist unser Gott, auf den wir hofften, dass er uns helfe. Das ist der HERR, auf den wir hofften; lasst uns jubeln und fröhlich sein über sein Heil.«

Ein Bischof stirbt und kommt in den Himmel. Petrus heißt ihn Willkommen und führt ihn durch den Himmel. Alles ist idyllisch und vor allem ruhig. Dann führt der Apostel den Bischof an eine Stelle, von der aus man in die Hölle blicken kann. Dort ist offensichtlich gerade Essenszeit.

Berge von Braten und Kartoffeln werden aufgetragen, gewaltige Gemüseplatten und dampfende Soßenschüsseln werden den armen Seelen gereicht. Angesichts dieses Anblicks verspürt der Bischof Hunger: „Ach, Petrus, eine Mahlzeit täte mir jetzt auch gut!" „Nichts leichter als das!" antwortet Petrus, geht an einen Kühlschrank und holt zwei Joghurts heraus. „Was nur Joghurt?" fragt der Bischof erstaunt.

Darauf Petrus achselzuckend: „Na ja, für uns beide lohnt sich doch das Kochen nicht!"

Liebe Gemeinde, Gott sei Dank ist es nicht so, dass die Erlösung nur ein paar Privilegierten gilt, so dass das Kochen sich nicht lohnt.

„Der Herr Zebaoth wird allen Völkern ein fettes Mahl bereiten" sagt Jesaja. Gott bereitet ein gewaltiges Fest für alle, die an ihn glauben. Und der Anlass dieses Festes ist, dass die Macht des Todes ein für alle Mal besiegt ist.

Gott wird den Tod verschlingen auf ewig. Die Überwindung des Todes, das ist das Thema von Ostern. Das ist es, was wir in diesen Tagen ausgiebig feiern und worüber wir uns freuen dürfen. Und ich finde wir haben allen Grund dazu.

Denn bei der Entmachtung des Todes geht es um dreierlei.

Es geht

1. um die Erfüllung einer uralten Sehnsucht
2. um den Grund aller Hoffnung
3. um eine unumstößliche Gewissheit

1. <u>die Sehnsucht</u>

Ich wohne in einer Straße, die von einer Reihe von Zierbäumen gesäumt ist. Das ist an und für sich schon schön. Aber es gibt so zwei, drei Wochen im Jahr, da entfaltet diese Straße noch einmal ein ganz besonderes Flair. Und das ist die Zeit, wenn die japanischen Kirschbäume blühen.

Also, das ist einfach herrlich! Denn dann ist die ganze Straße von einem auf den anderen Tag in ein Meer von Zartrosa getaucht. Diese Blüten strahlen förmlich vor Farbe. Und jedes Mal, wenn es wieder so weit ist, sitze ich an meinem Schreibtisch und sauge mir die Farben in die Seele hinein. Am liebsten würde ich diesen Anblick festhalten.

Aber weil ich weiß, dass das nicht geht, versuche ich möglichst viel davon zu inhalieren, versuche es zu speichern für die restlichen 52

Wochen des Jahres, in denen ich diesen herrlichen Anblick missen muss.
Hätte ich einige Wünsche frei, dann wäre einer der, dass es doch immer vor unserem Haus so blühen möge.
Aber wie gesagt: die Herrlichkeit ist nur von kurzer Dauer. Zwei bis drei Wochen, dann ist es damit vorbei und alles ist so unscheinbar wie vorher. Und dann überfällt mich für ein paar Tage eine gewisse Wehmut, eine Melancholie über die Vergänglichkeit des Seins.

Ich weiß nicht, ob Sie das so nachvollziehen können, ob Sie auch diese Traurigkeit kennen, nichts wirklich festhalten zu können.

Vielleicht macht sich das ja bei Ihnen an ganz anderen, weitaus schwerwiegenderen Dingen fest:
- etwa daran, dass Ihre Möglichkeiten sich einschränken, ihnen Dinge zunehmend schwerer fallen, so dass Sie mit Wehmut an Zeiten zurückdenken, in denen Sie unbeschwert und vor allem ohne Mühe das tun konnten, wonach Ihnen der Sinn stand.
- oder aber Sie stellen fest, dass immer mehr Menschen, die Ihnen vertraut waren, nicht mehr da sind.
Es sind immer weniger, die noch das erlebt haben, was *Sie* erlebten, die sich an das erinnern können, woran Sie sich erinnern.
Und so beschleicht Sie zuweilen die Wehmut der Einsamkeit.

Egal woran es sich festmacht, ob an den zarten Blüten eines Baumes oder an verblassenden Erinnerungen an schönere Tage, die Sehnsucht nach Zukunft, nach Wiederkehr des Schönen, nach der Überwindung des Todes gehört einfach zum Menschen dazu.
Sie gehört zum Menschen wie seine Fähigkeit zu lieben oder zu hassen.

Der Herr wird den Tod verschlingen auf ewig.
Diese prophetische Vision des Jesaja ist zunächst einmal Ausdruck einer Ursehnsucht des Menschen.
Aber das ist nur das Erste. Sie ist

2. <u>der Grund aller Hoffnung</u>

Machen wir uns klar: die Tatsache, dass der Mensch sich nach der Überwindung des Todes sehnt, besagt noch nichts darüber aus, ob dieser Sehnsucht auch eine begründete Hoffnung gegenübersteht.
Ich kann mich nach einem Traumhaus im Grünen sehnen. Aber ob so etwas jemals im Bereich des Möglichen liegt, hängt von meinen finanziellen Rahmenbedingungen ab oder ob es mir vielleicht eines Tages gelingt, bei einer Quizshow eine Millionen zu gewinnen.
Ich kann mich als Single nach einem Partner sehnen. Aber ob diese Sehnsucht jemals erfüllt wird, liegt außerhalb dessen, was ein Mensch selbst bewerkstelligen könnte.

Also, was ist die Grundlage dafür, dass der Prophet von einer begründeten Hoffnung sprechen kann? Woher nimmt er die Freiheit, anzukündigen, dass Gott die Macht des Todes überwinden wird?
Es ist an dieser Stelle hilfreich, wenn wir uns etwas den Zusammenhang dieser Verse anschauen.
Unmittelbar vor unserem Abschnitt steht ein Gebet. Es ist ein Gebet, in dem der Prophet die Treue und Rettermacht Gottes besingt.
Und dabei kommt ihm u. a. die Geschichte vom Bundesschluss Gottes mit seinem Volk am Sinai in den Sinn.
Er erinnert sich an das Urerlebnis, bei dem das Volk Israel die Liebe und Hingabe Gottes zum ersten Mal in seiner ganzen Größe erfahren durfte.

Dort am Sinai hatte Gott gesagt: „Ich bin Euer Gott und Ihr seid mein Volk. Ihr seid meine Kinder."
Von daher ist es also die Vaterliebe Gottes, die schon im Alten Testament den Urgrund aller Hoffnung gegen den Tod bildet.

Gott, der Vater, hat Euch lieb! Das steht im Hintergrund der Ankündigung Jesajas.
Denn diese väterliche Liebe Gottes zu uns Menschen hat enorme Konsequenzen. Inwiefern? Lassen Sie es mich so sagen:
Zum Wesen jeder echten väterlichen Liebe gehört es, dass sie

1. ihr Kind vor allem Bösen bewahren möchte und
2. es nicht ertragen kann, dauerhaft von diesem geliebten Kind getrennt zu sein.

Was das bedeutet, ist mir persönlich einmal bei einem Urlaub ohne Familie deutlich geworden.
Ich wollte einfach einmal nichts sehen, nichts hören. Einfach mal nur entspannen und in den Tag hinein leben. Und in der Tat habe mich anfangs wunderbar erholt, in jeder Hinsicht aufgetankt.
Aber dennoch, schon nach knapp einer Woche merkte ich: Es wird zu lang! Mich überkam eine unglaubliche Sehnsucht nach unserem kleinen Töchterchen, das zum damaligen Zeitpunkt seit knapp 16 Monaten unser Leben bereicherte.

Und als ich einmal nach Hause telefonierte und meine Frau erzählte, dass Hannah-Sophia jedes Mal zur Türe stürme, wenn es klingele und ganz enttäuscht sei, wenn nicht der Papa, sondern jemand anders hereinkomme -

Ich sage Ihnen, ich hätte mich am liebsten in den nächsten Flieger gesetzt und wäre nach Hause geflogen! So groß war in diesem Moment der Schmerz der Trennung!

Und nun schauen Sie: wenn schon so ein ganz normaler, menschlicher Vater wie ich es kaum aushält, länger als 1-2 Wochen ohne sein Kind zu sein - geschweige denn es zu verlieren - wie unerträglich müsste es dann für Gott, den Vater, sein, uns auf Dauer an den Tod abzugeben. Denn genau das bedeutet Tod: ewige Trennung von Gott und Mensch.

Der Prophet Jesaja blickt betend in das Vaterherz Gottes. Und genau dieser Blick in das Vaterherz Gottes verdichtet sich in die begründete Hoffnung:
Der Herr wird den Tod verschlingen auf ewig.
Dass der Prophet sich in seiner Hoffnung nicht getäuscht hat, zeigt der dritte Gedanke:

3. die Gewissheit

Ich kann mir vorstellen, dass die Bibelfesten unter Ihnen sich beim Lesen unseres Predigttextes gewundert haben werden:
Er wird den Tod verschlingen auf ewig – „Kommt mir bekannt vor. Aber ich dachte immer, dass stünde im Neuen Testament."
Oder: *Gott, der Herr, wird die Tränen von allen Angesichtern abwischen.* – „Steht das nicht in der Offenbarung des Johannes?" Genau beobachtet!
Das, was der Prophet hier als begründete Hoffnung verkündigt, wird im Neuen Testament geschehenes Ereignis festgestellt.
Paulus zitiert Jesaja im 1. Korintherbrief im Kapitel 15, wenn er sagt:
Der Tod ist verschlungen in den Sieg. (V.54)

Diese kleine, aber wichtige Nuance vom *Verschlungen werden* zum *Verschlungen sein* markiert den Schritt von der bloßen Hoffnung zur Gewissheit und damit vom Alten zum Neuen Testament.
In Christus ist unsere Sehnsucht gestillt und die Hoffnung auf die Entmachtung des Todes erfüllt. Gott hat es getan!
Er *hat* Christus von den Toten auferweckt und uns damit eine ewige Zukunft geschenkt.

Sie könnten jetzt einwenden: „Mal langsam, das verstehe ich jetzt nicht. Wenn Christus den Tod entmachtet hat, wieso müssen Menschen hier und heute dann immer noch sterben?"
Eine berechtigte Frage. Aber wir kommen dem Geheimnis, das hinter diesem vermeintlichen Widerspruch steckt, auf die Spur, wenn wir begreifen, das an Ostern, mit dem Tod selbst etwas geschehen ist. Es hat sich an seinem Charakter etwas Entscheidendes verändert.
Während der Tod ursprünglich seinem Wesen nach die völlige Vernichtung unserer Existenz meint und gleichzeitig die ewige Trennung von Gott - so ist er jetzt nicht mehr als eine gnädige Begrenzung unseres irdischen Lebens und ein Übergang zu einer neuen immer währenden Gemeinschaft mit Gott.

Martin Luther hat es in einer Predigt einmal folgendermaßen illustriert. Er sagt, das Schicksal des Menschen im Tod, gleicht dem eines Kindes auf seinem Weg zur Welt.
Aus dem zu eng gewordenen Mutterschoß muss es durch den noch engeren Geburtskanal, um dann zu einem neuen Leben erweckt zu werden. Natürlich ist dieser Weg gefährlich. Das Neugeborene kann im Geburtskanal stecken bleiben.
Und genau das ist ja unsere Angst: wir könnten im Tod umkommen.

Aber an dieser Stelle tröstet sich Luther mit dem Hinweis erfahrener Hebammen.
Der lautete so: „Es ist so wie die Weiber sagen: ist des Kindes Haupt erst mal geboren, so hat's nicht not. Das Ärgste ist geschafft, das andere Teil ist nur ein Traum."
Wenn Christus im Neuen Testament als Haupt der Gemeinde bezeichnet wird, so soll damit gesagt sein, dass sein Schicksal quasi wegweisend ist für all jene, die sich durch den Glauben an ihn binden.
„Ist des Kindes Haupt erst mal geboren, so hat's nicht not." - Für mich heißt das:
Ich brauch' mit meinem Leben keine Angst haben im Geburtskanal des Todes stecken zu bleiben. Ich bin ja durch den Glauben mit Christus verbunden.
Und wenn er es als mein Kopf geschafft hat, dann werde ich es als seine Hand, sein Fuß, sein Blinddarm - oder was auch immer ich am Leib Christi auch sein mag - ebenfalls schaffen.
Dessen darf ich von Ostern her gewiss sein!

Freuen Sie sich also mit mir auf unsere gemeinsame Zukunft und auf das, was da auf uns wartet.
Jesaja fasst es in das Bild eines rauschenden Festes. Lassen Sie sich seine Worte noch einmal auf der Zunge zergehen:
„Und der Herr Zebaoth wird allen Völkern ein fettes Mahl machen, ein Mahl von reinem Wein, von Fett, von Mark, von Wein, darin keine Hefe ist.
- Von wegen Joghurt!

Amen

Ich bin begeistert! – Pfingstpredigten

„Pfingsten für Sprachbegeisterte“

Predigt zum Pfingstfest über Apostelgeschichte 2, 1-18

1 Und als der Pfingsttag gekommen war, waren sie alle an "einem" Ort
beieinander.
2 Und es geschah plötzlich ein Brausen vom Himmel wie von einem
gewaltigen Wind und erfüllte das ganze Haus, in dem sie saßen.
3 Und es erschienen ihnen Zungen, zerteilt wie von Feuer; und er setzte
sich auf einen jeden von ihnen,
4 und sie wurden alle erfüllt von dem Heiligen Geist und fingen an zu
predigen in andern Sprachen,1 wie der Geist ihnen gab auszusprechen.
5 Es wohnten aber in Jerusalem Juden, die waren gottesfürchtige
Männer aus allen Völkern unter dem Himmel.
6 Als nun dieses Brausen geschah, kam die Menge zusammen und
wurde bestürzt; denn ein jeder hörte sie in seiner eigenen Sprache
reden.
7 Sie entsetzten sich aber, verwunderten sich und sprachen: Siehe, sind
nicht diese alle, die da reden, aus Galiläa?
8 Wie hören wir denn jeder seine eigene Muttersprache?
9 Parther und Meder und Elamiter und die wir wohnen in Mesopotamien
und Judäa, Kappadozien, Pontus und der Provinz Asien,
10 Phrygien und Pamphylien, Ägypten und der Gegend von Kyrene in
Libyen und Einwanderer aus Rom,
11 Juden und Judengenossen, Kreter und Araber: wir hören sie in
unsern Sprachen von den großen Taten Gottes reden.
12 Sie entsetzten sich aber alle und wurden ratlos und sprachen einer zu
dem andern: Was will das werden?

*13 Andere aber hatten ihren Spott und sprachen: Sie sind voll von
süßem Wein.*
*14 Da trat Petrus auf mit den Elf, erhob seine Stimme und redete zu
ihnen: Ihr Juden, liebe Männer, und alle, die ihr in Jerusalem wohnt, das
sei euch kundgetan, und lasst meine Worte zu euren Ohren eingehen!*
*15 Denn diese sind nicht betrunken, wie ihr meint, ist es doch erst die
dritte Stunde am Tage;*
*16 sondern das ist's, was durch den Propheten Joel gesagt worden ist
(Joel 3,1-5):*
*17 »Und es soll geschehen in den letzten Tagen, spricht Gott, da will ich
ausgießen von meinem Geist auf alles Fleisch; und eure Söhne und eure
Töchter sollen weissagen, und eure Jünglinge sollen Gesichte sehen,
und eure Alten sollen Träume haben;*
*18 und auf meine Knechte und auf meine Mägde will ich in jenen Tagen
von meinem Geist ausgießen, und sie sollen weissagen.*

Diese Geschichte aus dem Neuen Testament klingt fast wie ein frommes Märchen und ist doch keins – denn sie ereignet sich beinahe tagtäglich. Da sind Menschen erfüllt von einer Kraft, die sie selbst kaum begreifen und andere verstehen plötzlich etwas vom Glauben, obwohl sie die Sprache des Glaubens eigentlich gar nicht sprechen. Ohne dieses Sprachwunder von Pfingsten gäbe es uns Christen heute nicht.

Die Überlieferung des Glaubens wäre längst abgebrochen, wenn es diesen Heiligen Geist nicht gäbe, der immer wieder neu in unsere Alltagssprache übersetzt, was doch eigentlich all unser Verstehen übersteigt: die Rede von Gott, die Rede von Himmel und Hölle, von Tod und Auferstehung.

Und manchmal geschieht diese Übersetzung spektakulär, wie in den Kirchen Afrikas und Asiens, wo noch heute Menschen in genau derselben Weise ekstatisch in fremden Sprachen sprechen wie die Apostel. Und ein anderes Mal geschieht sie in schlichter Selbstverständlichkeit, etwa indem ein Lehrer seinen Schülern die Bibel erklärt.
Mit anderen Worten: das Wunder von Pfingsten ist nicht einfach nur ein geschichtliches Ereignis vor Hunderten von Jahren, sondern eine Erfahrung, die sich in vielfältiger Form seitdem immer wieder ereignet.
Aber vielleicht wird uns das deutlicher, wenn wir uns diese Geschehnisse einmal etwas genauer ansehen.

Und ich möchte dies in drei Schritten tun:

1. Das Wunder *vor* dem eigentlichen Pfingstwunder

Mein Staunen über die Pfingstgeschichte fängt eigentlich nicht erst da an, wo ein Brausen vom Himmel das Mobiliar im Versammlungsraum der Jünger verrückt, sondern viel früher.

Mich erstaunt es nämlich schon, dass es dem Heiligen Geist offenbar gelungen ist, die Jünger nach dem Desaster vom Karfreitag überhaupt in dieser Form zusammen zu halten. Denn machen wir uns klar: Dieses Geschehen am Passahfest in Jerusalem war ja die Katastrophe schlechthin.
Wie tief der Schock bei allen Beteiligten damals gesessen haben muss, zeigt allein die Geschichte der Emmausjünger in Lukas 24.
Die hatten sich ja schon am Ostersonntag wieder auf den Heimweg gemacht, weil sie sich sagten: „Was sollen wir noch in der Hauptstadt bleiben? Es ist doch eh' alles vorbei."

Zugegeben, Jesus hatte sich danach einer Reihe von Jüngern gezeigt, bis hin zur Himmelfahrt. Aber das werden beileibe nicht alle gewesen sein, und außerdem war auch das schon wieder eine Weile vorbei. Gerüchte machten stattdessen die Runde.
Gerüchte wie: „Alles Humbug mit der Auferstehung. Das Grab ist zwar leer, aber nur deshalb, weil jemand den Leichnam gestohlen hat."
Oder: „Der Nazarener selbst hat sich den Jüngern doch gar nicht gezeigt. Das wird eine Art Doppelgänger gewesen sein, jemand der ihm ähnlich sah." Wie dem auch sei: Selbstzweifel wird es sogar unter den Jüngern gegeben haben, die an Ostern mit dabei waren.

Vielleicht haben Sie selbst schon einmal eine eindrückliche religiöse Erfahrung gemacht und wissen von daher, wie das ist:
Am Anfang ist man fest überzeugt davon, dass in einer solchen Situation Gott selbst am Werk war. Dann verschwimmt diese Gewissheit, und im Laufe der Zeit sagt man sich: „Ok, das was ich da erlebt habe, grenzt an ein Wunder. Aber vielleicht war es auch einfach nur Zufall oder auch Schicksal. Wer weiß das schon?"

Die 7 Wochen zwischen Ostern und Pfingsten sind eine ganz schön lange Zeit. Vor allen Dingen für die unter den Jüngern, die zwar auf Golgatha dabei waren, nicht aber bei der Himmelfahrt. Von daher empfinde ich es schon als ein Wunder *vor* dem eigentlichen Pfingstwunder, dass da laut Apostelgeschichte (1,15) hundertzwanzig Männer so vollständig zusammen geblieben waren, dass es am Anfang des Pfingstberichtes heißen kann:
„Und als der Pfingsttag gekommen war, waren sie *alle* an *einem Ort beieinander.*"

120 Männer bleiben über einen Zeitraum von 50 Tagen zusammen – und das noch einträchtig! Beachtlich.

Und noch erstaunlicher ist, dass es während dieser Zeit vor Pfingsten bereits zu einer Art konstituierender Sitzung für eine Kirchengründung kommt: durch die Nachwahl des Matthias zum zwölften Apostel.
Also keine Streitigkeiten, wie sie etwa unmittelbar nach dem Tod Mohammeds um dessen Nachfolge entbrannten, sondern die Herstellung eines Zwölfer Gremiums, das sich beauftragt sieht, das Erbe Jesu in seinem Sinne weiter zu tragen.
Warum sind mir diese Zusammenhänge und diese Beobachtung wichtig?
Sie ist mir wichtig, weil unter Christen oftmals der Eindruck entsteht, als sei der Heilige Geist überhaupt erst an Pfingsten in diese Welt gekommen. Doch dieser Eindruck ist nicht ganz richtig.
Denn nimmt man die Vorgeschichte zu Pfingsten wie auch das Zeugnis des Alten Testamentes ernst, dann zeigt sich, dass Gott in vielfältiger Weise schon immer durch seinen Geist in dieser Welt präsent war und ist.
Dieser Geist spiegelt sich in der Schöpfung, er zeigt sich in manchmal durchaus spektakulärer Gestalt in den Propheten und der Geschichte Israels, und er ist hier in der Art und Weise am Werk, wie die Jünger die Katastrophe von Golgatha verarbeiten.

Allerdings zeigt sich der Heilige Geist im Vorfeld von Pfingsten eher still – in der Einigkeit der Jünger und in ihrer unbestimmten Ahnung, dass Gott noch etwas mit ihnen vorhat. Es gibt viele Menschen, gerade kirchlich distanzierte Menschen, die das genau so empfinden. Auf der einen Seite spüren sie, dass diese Welt kein Produkt des Zufalls sein kann, dass es da eine wie auch immer geartete Realität geben muss, der sie ihr Leben verdanken. Auf der anderen Seite aber können sie diesem „Etwas“ kein Gesicht geben. Ihre Ahnung von Gott bleibt nebulös und erschöpft sich letztlich in einem vagen Sehnen und Hoffen ohne Gewissheit.

Das Schöne ist: Bereits in einem solchen vagen Hoffen dürfen wir so etwas wie ein leises Anklopfen des Heiligen Geistes entdecken. Bei wem es also noch nicht Pfingsten geworden ist, der ist damit nicht automatisch „von allen guten Geistern verlassen.“ Nein, er oder sie trägt den Geist Gottes bereits in sich, wenn auch vorerst in einem leichten Säuseln.

Und es liegt an Gott, dieses leichte Säuseln, wann immer er es für richtig hält, in einen erfrischenden Wind zu verwandeln. Das führt uns zum Anlass dieses Festes:

2. <u>das eigentliche Pfingstwunder</u>

An diesem Tag geschieht auf spektakuläre Weise etwas, was die meisten von uns auf die eine oder andere Art sicherlich auch schon einmal erlebt haben. Die Jünger werden im ursprünglichen Sinn des Wortes be*geistert.* Sie geraten außer sich. Es kommt unter ihnen zu einer atmosphärischen Veränderung.

Ein seltsames Brausen, das den Raum damals tatsächlich erfüllt haben mag, erfasst sie von *innen.* Und ganz ähnlich, wie wir davon sprechen können, dass jemand für eine Sache plötzlich *Feuer und Flamme ist*, so wird es den Jüngern unter den Jüngern mit einem Mal Realität.

Und dann wird es so richtig laut. Denn: Wem das Herz voll ist, dem geht bekanntlich der Mund über. Das Seltsame an dieser Geschichte ist:

Es wird uns eigentlich kein Anlass geschildert, der zu diesen ekstatischen Verhältnissen führt. Abgesehen vielleicht einmal davon, dass von diesem Brausen, Türen und Fenster zu wackeln angefangen haben mögen. Aber so etwas kann ja mal vorkommen.
Es wird uns nichts erzählt von einer neuerlichen Erscheinung des Auferstandenen.
Es taucht auch kein ein Engel auf, um den Jüngern zu verkündigen: „Jetzt geht's los. Jetzt macht Euch auf die Socken und verkündigt das Evangelium."
Es geschieht kein Erdbeben, so dass deutlich wäre: „Das Ende ist nahe. Das Reich Gottes ist nahe herbeigekommen." Nichts von alledem. Stattdessen passiert folgendes: Die Jünger sind beieinander, um das jüdische Erntefest zu feiern.
Und mitten im Gottesdienst geschieht es, dass der Heilige Geist sie erfasst und zu neuen, mutigen und mit Glaubensgewissheit erfüllten Menschen macht.

Liebe Gemeinde, es ist mir ganz wichtig, dies zu Pfingsten festzuhalten! Denn wie oft meinen wir, es müssten irgendwelche spektakulären Dinge passieren, damit es Pfingsten wird. Und dabei geht es eigentlich nur darum, das wirklich mit dem Herzen zu begreifen, was uns in Christus, seinem Kreuz und seiner Auferstehung geschenkt ist.

Kennen Sie das Lied „1001 Nacht" von Klaus Lage?
Klaus Lage beschreibt darin die Erfahrung, wie er eine alte Sandkastenfreundin, mit der er seine Kindheit geteilt hat und die nie etwas Tieferes in ihm ausgelöst hat, plötzlich mit anderen Augen sieht, so dass es ihn umhaut.

Ich bin sicher, Sie kennen zumindest den Refrain: „1000 x berührt, 1000 x ist nichts passiert. 1001 Nacht und es hat Zoom gemacht."

1000x berührt, 1000x ist nicht passiert. – Liebe Gemeinde, in meinen Augen ist das ein Super-Pfingstlied!
Denn genau das beschreibt die Erfahrung der Jünger:
1000 x haben Sie nach Ostern vielleicht zusammen gebetet.
1000 x haben Sie versucht, sich einen Reim auf das zu machen, was der Glaube an den auferstandenen Christus nun bedeuten könnte.
Und jetzt und hier, beim 1001x, als sie das jüdische Erntefest miteinander feiern, da macht es klick – und sie erleben die Gegenwart und die Kraft des Heiligen Geistes.

Nun mögen Sie sagen: Schön für die Jünger damals. Aber wie kommen wir zu dieser Form der Begeisterung? Was können wir als Gemeinde, was kann jeder Einzelne von uns, was kann ich tun, damit es auch bei mir Pfingsten wird und nicht alles beim Alten bleibt?

Es gibt diesbezüglich eine Gute Nachricht und eine Schlechte Nachricht.
Die schlechte Nachricht nenne ich zuerst, dann haben wir sie hinter uns.
Sie lautet: Erzwingen lässt sich an dieser Stelle gar nichts.
„Der Geist Gottes weht, wo er will", sagt Jesus einmal zu dem Pharisäer Nikodemus im Johannesevangelium (Joh.3, 8)
Von daher: Pfingsten lässt sich nicht machen. Weder durch irgendwelche geistliche Praktiken noch durch irgendwelche Programme des Gemeindeaufbaus.

Andererseits, und das ist die gute Nachricht, sagt derselbe Jesus im Zusammenhang der Bergpredigt einmal: „Bittet um den Heiligen Geist"

(Lukas 11,13), weil Gott eben von Herzen möchte, dass wir von ihm begeistert sind. Dabei, denke ich, ist es kein Zufall, dass der Heilige Geist die Jünger ergreift, als sie am Pfingstfest beieinander sind und miteinander Gottesdienst feiern. Denn das ist der Ort, an dem er uns inspirieren möchte.
Lasst uns also nicht damit aufhören, gemeinsam darum zu beten, dass Gott uns mit seinem Heiligen Geist neu ausrüstet. Und lasst uns dabei davon ausgehen, dass er auch hält, was er verspricht.
Das wichtigste Kennzeichen einer von Gott inspirierten Gemeinde ist laut Pfingstbericht ihre Fähigkeit, alle möglichen Sprachen zu sprechen.
Wir erinnern uns. Wie hieß es noch in Vers 7: *Als nun dieses Brausen geschah, kam die Menge zusammen und wurde bestürzt; denn ein jeder hörte sie in seiner eigenen Sprache reden.*

Liebe Gemeinde:
Bevor Sie nun darüber nachdenken, welche Fremdsprachenkenntnisse Sie sich vom Heiligen Geist schenken lassen möchten, will ich Sie auf eine kleine Beobachtung aufmerksam machen. Im Griechischen Urtext ist hier nämlich davon die Rede, dass jeder die Jünger in „te idia dialekto“, also in seinem „eigenen Dialekt“ verstand.
Mit anderen Worten: Es geht für Sie an Pfingsten vermutlich weniger darum, das Sie plötzlich anfangen, fließend chinesisch, arabisch oder kisuaheli zu sprechen – obwohl auch das vielleicht ganz nett wäre.
(Immerhin wurde die 1962 verstorbene Therese von Konnersreuth unter anderem wegen solcher Fähigkeiten selig gesprochen)
Viel wichtiger wäre, dass es Ihnen und mir gelingt, so vom Glauben zu sprechen, dass nicht umgekehrt unsere Arbeitskollegen und Nachbarn erst „klerikalisch“ lernen müssen, um uns zu verstehen.

Denn genau das ist derzeit vielerorts noch unser Problem. Glauben Sie nicht? Na, dann schalten wir uns mal kurz in den folgenden typischen Dialog ein

Da sagt ein Theologe im vollen Brustton seiner Überzeugung zu seinem Nachbarn:

„Der Herr Jesus Christus ist ein für alle Mal für mich gestorben."

Darauf sein Nachbar: „Ach, Sie sind aber nachtragend. Was hat der Mann Ihnen denn getan?"

Darauf der Theologe: „Aber so meine ich es doch nicht!"

Darauf der Nachbar: „Ja, aber wie meinen Sie es dann?"

„Wie meinen Sie es dann?" – genau das ist der Punkt, an dem der Heilige Geist uns helfen möchte, sprachfähig zu werden und so zu reden, dass es auch der Nachbar versteht.

Denn erst dann kommt es wirklich zum Pfingstfest und zu dem, was ich als das „Wunder *nach* dem eigentlichen Pfingstwunder" bezeichnen möchte.

3. Das Wunder *nach* dem eigentlichen Pfingstwunder

Hervorgerufen – unter anderem – durch die mangelnde Sprachbegabung unserer Kirche, hält sich in christlichen Kreisen ein hartnäckiges Gerücht. Es ist das Gerücht, die Weitergabe des Glaubens und die Erfahrung des Heiligen Geistes sei nur etwas für religiös Begabte oder besonders dafür Auserwählte.

Für das Alte Testament mag das sogar stimmen. Da ist es wirklich so, dass Gott bestimmte Menschen ganz gezielt mit der Kraft seines Geistes ausstattet. Aber spätestens seit Pfingsten verhält sich dies grundlegend anders.

Petrus zitiert in seiner Pfingstpredigt nämlich die Weissagung eines Propheten.
Er sagt: Heute ist wahr geworden, was der Prophet Joel vor Jahrhunderten angekündigt hat: *„Und es soll geschehen, spricht Gott, dass ich ausgießen will von meinem Geist auf* alles *Fleisch…“*

„Mein Geist auf *alles* Fleisch“ – Mit anderen Worten: Du und ich, nicht nur die Fachleute, nicht nur ein Martin Luther oder ein Papst Benedikt ist von nun an dazu auserwählt, direkt mit Gott in Berührung zu kommen. Und nicht nur irgendwelche Glaubensfunktionäre, sondern wir alle dürfen seine Gegenwart erfahren und seine Botschaft weiter geben.
Denn nichts Anderes heißt es, wenn Joel weiter sagt: *„Und eure Söhne und Eure Töchter sollen weissagen und Eure jungen Leute Visionen haben.“*
Wir dürfen in Gottes Namen reden und bekommen es geschenkt, diese Welt mit Gottes Augen in den Blick zu nehmen. Das bedeutet Pfingsten. Und nur weil Menschen dies zu allen Zeiten ernst genommen haben, ist das Evangelium in seiner unverfälschten Form überhaupt bis zu uns durchgedrungen.

Stellen Sie sich nur einmal vor, es hätte z.B. die Reformation nicht gegeben. Das wäre eine Katastrophe gewesen, nicht nur für unsere evangelische, sondern auch für die katholische Kirche.
Aber genau diese Reformation war eine Basisbewegung, die nicht nur den Adel, sondern auch jeden Bauer und jeden Leibeigenen erfasst und begeistert hat.
In vielen Gegenden der Welt gibt es bis heute keine ausgebildeten Theologen – in Teilen Afrikas, in Asien und vor allem auch innerhalb der verfolgten Christenheit. Und doch sind solche Gemeinden geistlich oft

lebendiger als die Unsrigen mit ihrem Heer von Glaubensprofis und kirchlichen Angestellten.

„Mein Geist auf alles Fleisch“ - das ist das fortlaufende Wunder von Pfingsten.

Erschrickt Sie das? Erschrickt Sie der Gedanke, dass Gottes Geist auch in Ihnen stärker als bisher Raum nehmen könnte? Vielleicht fragen Sie sich: „Was passiert denn da mit mir?“ Führt mich das am Ende irgendwo hin, wohin ich vielleicht gar nicht möchte?“

– Oder Sie denken zum Beispiel in diesem Zusammenhang an einen tiefreligiösen Menschen, der auf Sie eher abschreckend als einladend wirkt. „Soll ich etwa werden wie der oder die?“ Ich darf Ihnen sagen: Machen Sie sich keine Sorgen!

Der Heilige Geist wirkt nicht wie eine Dampfwalze, die alles niedermacht, was sich ihr in den Weg stellt. Er überfällt uns nicht. Gottes Geist hat auch die Menschen damals an Pfingsten nicht überfallen. Er hat sie ergriffen, das ja!

Aber, dieses Ergriffen werden hatte eher den Charakter einer Befreiung. Es brachte genau das mit sich, wonach sich die Jünger ohnehin sehnten: die lebendige Erfahrung des auferstandenen Christus, die Gewissheit ihres Glaubens.

Paul Vautier, ein bekannter Schweizer Ordenspriester hat es mit einem Augenzwinkern einmal so formuliert.

Er hat auf die Frage, ob er denn keine Bedenken habe, wenn der Heilige Geist die katholische Kirche erfasst und sie vielleicht völlig umkrempele sinngemäß geantwortet: „Ach, lassen wir den Geist ruhig in uns wirken. Denn so wie ich uns Schweizer kennen, werden wir das schon noch früh genug regulieren und in ordentliche Bahnen lenken.“

Dem ist, denke ich, nichts hinzuzufügen.

Beten wir also ruhig: Veni creator spiritus! Komm, Schöpfer Geist!

Mache Deine Kirche neu!

Lass es Pfingsten werden unter uns und fange bei mir an!

Amen

„Pfingsten für Zweifler"

Pfingstpredigt zu Johannes 16, 5-15

5 *Jetzt aber gehe ich hin zu dem, der mich gesandt hat; und niemand von euch fragt mich: Wo gehst du hin?*
6 *Doch weil ich das zu euch geredet habe, ist euer Herz voll Trauer.*
7 *Aber ich sage euch die Wahrheit: Es ist gut für euch, dass ich weggehe. Denn wenn ich nicht weggehe, kommt der Tröster nicht zu euch. Wenn ich aber gehe, will ich ihn zu euch senden.*
8 *Und wenn er kommt, wird er der Welt die Augen auftun über die Sünde und über die Gerechtigkeit und über das Gericht;*
9 *über die Sünde: dass sie nicht an mich glauben;*
10 *über die Gerechtigkeit: dass ich zum Vater gehe und ihr mich hinfort nicht seht;*
11 *über das Gericht: dass der Fürst dieser Welt gerichtet ist.*
12 *Ich habe euch noch viel zu sagen; aber ihr könnt es jetzt nicht ertragen.*
13 *Wenn aber jener, der Geist der Wahrheit, kommen wird, wird er euch in alle Wahrheit leiten. Denn er wird nicht aus sich selber reden; sondern was er hören wird, das wird er reden, und was zukünftig ist, wird er euch verkündigen.*
14 *Er wird mich verherrlichen; denn von dem Meinen wird er's nehmen und euch verkündigen.*
15 *Alles, was der Vater hat, das ist mein. Darum habe ich gesagt: Er wird's von dem Meinen nehmen und euch verkündigen.*

„Ach ja, jetzt erst kann ich meine Mutter richtig verstehen!
Erst jetzt, seitdem ich selbst Kinder habe und älter werde, weiß ich, warum sie sich damals immer solche Sorgen gemacht hat."

Kennen Sie solche Stoßseufzer? - Eltern sagen so etwas häufiger in Konfliktsituationen. Sie sagen das dann, wenn sie sich in einer Auseinandersetzung mit ihren heranwachsenden Teenagern befinden, sich im Verhalten ihrer Kinder selbst in der Situation von einst wieder finden.

Verspätete Reue, verspätete Einsicht.

Aber es ist nun einmal so: Manche Wahrheiten erkennt der Mensch erst aus einer gewissen Distanz heraus. Für manche Erkenntnis braucht es Abstand oder auch eine bestimmte Schlüsselerfahrung, um sie wirklich in ihrer ganzen Bedeutung zu ermessen.

So kann es vorkommen, dass ich mich urplötzlich an bestimmte Aussagen erinnere, die mein Heimatpfarrer vor fast dreißig Jahren irgendwann einmal getroffen hat.

Damals waren es einfach nur Worte, bedeutungslos. Ich konnte ihnen keinen tieferen Sinn abringen. Heute verbinde ich mit denselben Worten tiefschürfende Einsichten, die mein Weltbild maßgeblich prägen.

Einsichten brauchen Zeit. Einsichten brauchen manchmal Distanz, damit ich sie mir wirklich zueigen machen kann. Das ist zwischen Teenagern und ihren Eltern so.

Das scheint sogar zwischen Christus und seinen Jüngern so zu sein.

Christus sagt: *Es ist gut für Euch, daß ich weggehe. Denn wenn ich nicht weggehe, kommt der Heilige Geist, der Tröster, griechisch: 'parakletos`, nicht zu Euch.*

Das Wirken des Geistes Gottes setzt voraus, das der Sohn Gottes sich aus der sichtbaren Welt zurückzieht. Anders geht es offenbar nicht.

Erst wenn ich nicht mehr da sein werde, sagt Christus, wird sich der Heilige Geist voll entfalten können.

Worin aber besteht das Wirken des Heiligen Geistes?

Jesus benennt hier in Johannes 16 zwei Zusammenhänge.
Er sagt: Der Heilige Geist wird der Welt die Augen öffnen. Er wird der Welt die Augen dafür öffnen, wie sehr sie in Schuld verstrickt ist und wie sehr sie der Vergebung Gottes bedarf, wenn sie denn jemals heil werden soll. Kurzum: er wird der Welt zeigen, wie erlösungsbedürftig sie ist. Das ist das Eine.
Das Andere ist: Der Heilige Geist wird Euch in die Wahrheit leiten. Er wird Euch zeigen, wie sehr Gott Euch liebt. Er wird Euch entschlüsseln, warum der Sohn Gottes getötet und ans Kreuz geschlagen werden musste.
Kurzum: er wird euch alles offenbaren, was für Euer Heil zu wissen wichtig ist.
Ich kann mir vorstellen, dass sich bei dem Einen oder Anderen an dieser Stelle Widerstand regt.
Ich kann mir vorstellen, dass mancher sicht fragt: „Schön und gut, aber wo geschieht denn das? Wo geschieht denn das, das die Welt über ihre Sünden erschrickt und sich Gott zuwendet?

Genau das ist es doch, was wir uns in Anbetracht der Tagesnachrichten alle vergeblich wünschen. Ach, wäre das schön, wenn die Kriegstreiber dieser Welt endlich einmal so etwas wie Erschrecken oder eine menschliche Rührung zeigen würden. Wenn sie in Anbetracht des unsäglichen Leides, das in ihrem Namen geschieht die Hände vors Gesicht schlagen und erschrocken stammeln würden: „Mein Gott, was habe ich nur getan?“

„Wenn der Geist kommt, dann wird er der Welt die Augen auftun über die Sünde!“
Wo geschieht das, fragen Sie vielleicht in Anbetracht aller Rechthaberei auch in unserem eigenen Umfeld. Denn kaum etwas scheint uns Menschen schwerer zu fallen als solche schlichten Sätze der Einsicht zu formulieren wie: „Es tut mir leid!“ oder „Das war nicht richtig. Bitte vergib mir.“
Und auch die andere Wirkung des Heiligen Geistes: *„Er wird Euch in alle Wahrheit leiten.“* Ist das nicht ein wenig zu vollmundig ausgedrückt? Was ist denn mit denn mit den tausend ungelösten Fragen, die uns auf dem Herzen liegen und uns unruhig machen?

Ich bin überzeugt, der Schlüssel für das Verständnis dieser Aussagen liegt in einer veränderten Perspektive. Mir fällt auf, dass Christus die Welt aus einer anderen Perspektive wahrnimmt, als *wir* es meist tun.
Wir sind es gewohnt, die Welt so wahrzunehmen, wie sie sich jetzt gerade darstellt. - Wir sind dem Augenblick verhaftet.
Bei Christus ist das anders. Er sieht die Welt konsequent von ihrer Vollendung im Reich Gottes her. Und zwar von Anfang an: „Kehrt um, denn das Reich Gottes ist nahe herbeigekommen.“ Das ist das Vorzeichen unter das er sein Wirken in dieser Welt stellt.
Bei ihm verschmelzen Zukunft und Gegenwart quasi miteinander, so dass Zukünftiges als schon jetzt gegenwärtig erscheint. Das hört sich vielleicht etwas kompliziert an, ist es aber gar nicht.
Ich sag’s mal mit einem Beispiel:
Ludwig van Beethoven kündigte, als er durch seine Taubheit in seiner Tätigkeit längst eingeschränkt war, noch einmal die Komposition einer großen Symphonie an.

Seine Zeitgenossen erklärten ihn für verrückt. Sie trauten ihm die Kraft zur schöpferischen Gestaltung einfach nicht mehr zu. Halb scherzhaft bat man ihn eines Tages um eine Kostprobe der Symphonie. Beethoven summte ihnen, so gut es ging, das Leitmotiv des in der Entstehung begriffenen Werkes zu.

Es klang mehr als schlicht. Ein einstimmiges und noch dazu brüchiges: „Ta,Ta,Ta".

Sicherlich können Sie sich die Reaktion der Leute vorstellen. Man lachte den Komponisten aus. Eine solche, fast kindliche Abfolge von Tönen als Leitmotiv für eine Symphonie.

Diese Leute hörten eben nur einzelne Töne! Nichts anderes als ein simples, etwas unbeholfen vorgetragenes Grundmotiv.

Aber Beethoven hörte etwas Anderes. Er hörte in seinem Innern schon jetzt das ganze Orchester. Er sah vor seinem inneren Auge all die vielen unterschiedlichen Partituren. In seinem Herzen trug er die Taktfolgen der Streicher, Bläser und Pauken bis hin zu den Chören. Alles kreiste in seinen Gedanken um dieses schlichte Motiv.

Es war im Grunde schon fertig und wartete eigentlich nur darauf, sich dann mit seiner ganzen Pracht und Klangfülle zu einer Sinfonie entfalten zu können.

Was es dann schließlich auch tat. - Sehr zum Erstaunen der verdutzten Spötter und Zweifler.

Die Dinge von ihrer Vollendung her sehen und von der Vollendung her die Gegenwart in den Blick nehmen - darum geht es.

Darum geht es nicht nur bei Beethoven, sondern auch bei dem, was Christus im Blick auf das Wirken des Heiligen Geistes sagt. Auch für das Wirken des Heiligen Geistes bekomme ich nur dann ein Gespür, wenn ich im Kleinen, im Bruchstückhaften schon das Ganze entdecke.

Darum noch einmal: *„Und wenn der Heilige Geist kommt, wird er der Welt die Augen auftun über die Sünde und das Gericht."*
Darf ich mal offen fragen: Wer von Ihnen hat es schon einmal erlebt, dass Sie über sich selbst erschrocken sind?

Wer von Ihnen hat schon einmal ganz bewusst gebetet: „Herr Jesus Christus, bitte vergib mir meine Schuld. Ich habe mich an Dir und meinem Nächsten versündigt?"
Wer von Ihnen kennt diese Erfahrung? Bitte melden Sie sich! Nur Mut! Diese Form des „Coming Out" wird in der Bibel ausdrücklich befürwortet.
(Meldungen abwarten)

Sehen Sie, es stimmt: „Wenn der Heilige Geist kommt, wird er der Welt die Augen auftun über die Sünde." *Sie sind* die Welt! - Sie *sind* doch ein Stück dieser Welt. Und immer dort, wo ein Mensch in sich geht, wo ein Mensch umkehrt und Gott um Vergebung bittet
- da ist für Christus *die Welt* umgekehrt.
- da ist für Christus der Heilige Geist am Werk.
Denn jeder einzelne Mensch ist ein Mikrokosmos, eine kleine Welt für sich.

Kommen wir auch zu dem Anderen. Wie war das noch? *„Wenn der Geist der Wahrheit kommt, wird er Euch in alle Wahrheit leiten."*
Ich stelle wieder eine Frage. Ich frage Sie: Wer von Ihnen hat das Gefühl, heute im Blick auf den Glauben etwas weiter, etwas reifer zu sein als noch vor zehn Jahren?
Wäre schön, wenn Sie sich auch an dieser Stelle melden könnten, falls es zutrifft.
(Meldungen abwarten)

Na, das ist doch aufschlussreich! Ich weiß, ich weiß, es gibt unter uns noch viele ungelöste Fragen. Aber wenn Sie ehrlich sagen können, dass Sie im Blick auf ihren persönlichen Glauben in den letzten 10 Jahren gewachsen sind, dann ist das auch ein Werk des Heiligen Geistes.
Denn jede gelöste Frage, jede Antwort auf ein Problem, das uns bewegt, hat Anteil an der Wahrheit. Und diese Wahrheit hat in Christus Gestalt angenommen.
Wir sehen: es kommt auf den Blick an. Ob wir Gottes Geist in seiner Wirksamkeit erleben, hängt u. a. davon ab, von woher wir Gottes geliebte Welt sehen.
Es hängt davon ab, ob wir sie von ihrer gegenwärtigen teilweisen Zerrissenheit her sehen oder von ihrer zukünftigen Vollendung her. Wobei man direkt sagen muss: Die Zukunft hat schon begonnen, wenn ein Mensch hier und heute Zugang zum Glauben findet.
Die Zukunft hat schon bekommen, wo jemand Durchblick bekommt für sein Leben.
Vielleicht fragen Sie sich: Und was wird mit Herrn N.N. (Beispiel eines aktuell verheerend wirksamen Diktators einsetzen) und all den Andern? Wird der Heilige Geist *ihm* auch die Augen auftun über die Sünde?
Von der Bibel her darf ich Ihnen sagen: Mit Sicherheit! Ich weiß nur noch nicht wann.
Hoffentlich wird er bald seine Schuld bekennen und beweinen! Nicht nur um der Opfer willen - auch um seiner eigenen Seele willen.
Solange wir *leben*, gibt es Hoffnung auf Gnade!
Weinen wir dagegen erst über unsere Schuld, wenn der Tod uns mit Gott konfrontiert, ist es zu spät. Dann tritt der Heilige Geist nicht mehr als 'Tröster' auf.

Er hat dann einen anderen Job: Er ist unser Ankläger vor Gott. Das nennt die Bibel: 'Jüngstes Gericht.'

Wenn Sie mich fragen: Als Tröster und Hilfe zum Glauben ist mir der Heilige Geist entschieden sympathischer.

Darum möchte ich eine Begegnung mit ihm nicht auf die lange Bank schieben.

Er soll mir lieber hier und heute sagen, wo mein Leben vor Gott nicht in Ordnung ist.

Und er soll mir zeigen, wo es lang geht. Ich weiß nicht, wie es Ihnen geht, aber ich brauch' das. Tagtäglich!

Ich brauche den Heiligen Geist, der mir die Augen öffnet und mich in alle Wahrheit leitet.

Ich brauche Pfingsten.

Amen

„Pfingsten für Burnout Gefährdete“

Pfingstpredigt zu Numeri 11, 10 - 17

10 *Als nun Mose das Volk weinen hörte, alle Geschlechter miteinander,*
einen jeden in der Tür seines Zeltes, da entbrannte der Zorn des
HERRN sehr. Und auch Mose verdross es.
11 *Und Mose sprach zu dem HERRN: Warum bekümmerst du deinen*
Knecht? Und warum finde ich keine Gnade vor deinen Augen, dass du
die Last dieses ganzen Volks auf mich legst?
12 *Hab ich denn all das Volk empfangen oder geboren, dass du zu mir*
sagen könntest: Trag es in deinen Armen, wie eine Amme ein Kind trägt,
in das Land, das du ihren Vätern zugeschworen hast?
13 *Woher soll ich Fleisch nehmen, um es all diesem Volk zu geben? Sie*
weinen vor mir und sprechen: Gib uns Fleisch zu essen.
14 *Ich vermag all das Volk nicht allein zu tragen, denn es ist mir zu*
schwer.
15 *Willst du aber doch so mit mir tun, so töte mich lieber, wenn anders*
ich Gnade vor deinen Augen gefunden habe, damit ich nicht mein
Unglück sehen muss.
16 *Und der HERR sprach zu Mose: Sammle mir siebzig Männer unter*
den Ältesten Israels, von denen du weißt, dass sie Älteste im Volk und
seine Amtleute sind, und bringe sie vor die Stiftshütte und stelle sie dort
vor dich,
17 *so will ich herniederkommen und dort mit dir reden und von deinem*
Geist, der auf dir ist, nehmen und auf sie legen, damit sie mit dir die Last
des Volks tragen und du nicht allein tragen musst.

Im Blick auf den Heiligen Geist gibt es sehr unterschiedliche Vorstellungen.

Viele Christen meinen z.B., es handele sich in erster Linie um eine Art Gefühl, um eine bestimmte Form religiösen Erlebens. Wie schön ist es z.B., im wahrsten Sinne des Wortes be*geistert* zu sein, außer sich vor Freude über das, was Gott tut. Der Pfingstbericht der Apostelgeschichte vermittelt etwas von solch einem spontanen Enthusiasmus.

Stillere Gemüter denken dagegen vielleicht eher an eine Geborgenheit, sich Gott ganz nahe zu wissen, gerade dann, wenn äußerlich das Chaos losbricht. Und wieder Andere assoziieren mit dem Heiligen Geist Harmonie und Ausgeglichenheit. Die Fähigkeit, in sich zu ruhen und von einem tiefen Frieden mit sich selbst und anderen geprägt zu sein.

An all diesen Vorstellungen ist sicherlich etwas dran. Doch unser alttestamentlicher Pfingsttext passt in solche Schemata irgendwie nicht hinein.

Denn gezeigt wird uns hier ein Mose, der überhaupt nicht in sich selbst ruht, sondern der am Boden zerstört ist. Der große Gottesmann ist fertig mit den Nerven. Er will nicht mehr.

Aber das ist nun das Erstaunliche:

Obwohl Mose derart fertig ist und klagt, erwähnt unser Text mit keiner Silbe, dass der Geist Gottes von ihm gewichen sei. Das heißt mit anderen Worten: Vom heiligen Geist erfüllt zu sein und eine tiefe Niedergeschlagenheit zu empfinden, schließt sich offenbar nicht aus!

Heiliger Geist und das Erleben von Traurigkeit lassen sich zusammen denken.

Im Fall des Mose scheint es sogar so zu sein, dass seine Traurigkeit geradezu eine Wirkung des Heiligen Geistes darstellt.

Denn diese Führungskraft des Alten Testamentes leidet ja nicht um ihrer selbst willen. Es ist sein ihm von Gott gegebener Auftrag, an dem er irrewird. Das macht unser Predigtabschnitt ganz deutlich. Es sind die

beschwerlichen Begleitumstände seines Dienstes, die ihn offenbar sowohl seelisch als auch körperlich ausgelaugt haben.
Erinnern wir uns: Mose führt das Volk Israel auf Gottes Geheiß durch das Rote Meer. Er rettet sie damit vor den Ägyptern, die sie zurück in die Sklaverei holen möchten.
Aber kaum erreicht der Tross das rettende Ufer, da beginnt schon das Geschrei: „Gibt es hier eigentlich nichts zu trinken?“
Kurze Zeit später, zieht sich Mose nur für ein paar Tage zurück, um auf dem Berg Sinai die Gebote zu empfangen, da geht es im Lager drunter und drüber. Da tanzen die Israeliten um das sprichwörtliche „goldene Kalb“, weil sie es mit der Angst zu tun bekommen haben und nun der Meinung sind, ein Götze könne sie schützen und leiten. Nichts, aber auch gar nichts scheinen sie von der Bewahrung begriffen zu haben, die ihr Gott Jahwe durch seine unsichtbare Gegenwart versprochen und bisher auch gehalten hat.
Wieder einige Zeit später, schreit das Volk: „Wir haben Hunger!“ und als es dann das Manna zu essen bekommt, lautet der Dank: „ Immer dasselbe!“ Jetzt soll es gefälligst Fleisch sein.
Können Sie sich das vorstellen? Quälgeister ohne Ende! Es kann schrecklich sein, stets und ständig mit Anforderungen konfrontiert zu werden und nicht mehr zur Ruhe zu kommen.
Aber an dieser Stelle platzt Mose nun der Kragen. Er kann nicht mehr und er will auch nicht mehr. Zuviel ist zuviel.

Er hat alles versucht, er hat alles getan, was Gott ihm aufgetragen hatte. Er hat alles gegeben, was in seinen Kräften stand. Aber jetzt ist da eine Grenze erreicht, die Grenze dessen, was er alleine bewerkstelligen kann.

Und wie mir scheint, macht sich hier inmitten aller menschlichen Erschöpfung, die Mose so klagen lässt, auch noch eine andere Stimme, bemerkbar – Und das ist die Stimme einer von Gott inspirierten Einsicht.
Es ist der Heilige Geist selbst, der deutlich macht: Halt! Stop! So geht es nicht weiter!
Hier muss sich jetzt strukturell etwas ändern, wenn es denn weiter gehen soll. Es ist eine Auswirkung des Heiligen Geistes, der den „ Macher Moses", den Manager Moses, ins Gebet führt.
Und wir sehen an der Reaktion Gottes, dass er das Gebet seines Dieners würdigt.
Gott wertet die Klage des Mose nicht als Ausdruck eines weinerlichen Selbstmitleids, sondern als das, was es ist: als Schrei der Vernunft gegenüber einer Maßlosigkeit, die von ihm mehr verlangt als das, was ein einzelner Mensch zu leisten vermag.
Ist das nicht schön? Wir dürfen es unserem Gott sagen und klagen, wenn wir überfordert sind. Wir müssen solche Gefühle nicht in uns vergraben oder wegdrücken.
Alles, was wir weg zu drücken versuchen, macht sich an anderer Stelle ohnehin wieder bemerkbar.
Wir selbst mögen es nicht immer spüren, was da in uns brodelt. Unsere Umwelt nimmt es garantiert wahr!
Da fragt vielleicht eine Tochter ihre Mutter: „Sag' mal Mama, warum bist Du eigentlich in letzter Zeit so unleidlich?"
Oder ein Kollege spricht mich an und meint: „Kann es sein, dass Du im Moment nicht so ganz in der Spur bist? Du wirkst irgendwie so fahrig. So kenne ich Dich gar nicht."
Der Heilige Geist macht Mose sensibel für sich selbst und seine Situation. Und das lässt ihn aussprechen, was ihm auf der Seele liegt.

Wobei es charakteristisch ist, dass Mose sich hier vor Gott ausspricht und nicht vor Menschen.
Bei Letzteren besteht ja immer die Gefahr, dass es da heißt: „Ach, nun hab' Dich doch mal nicht so. Meine Güte, Du kannst Dich aber auch anstellen!"
Mose spürt, dass die Grenzen zumindest für ihn ganz persönlich überschritten sind, und das vertraut er seinem Schöpfer an.
Verstehen Sie: auch wenn ein Mensch vom Heiligen Geist erfüllt und durchdrungen ist - so bleibt er doch Mensch, so wie ihn Gott geschaffen hat!
Der Heilige Geist macht uns nicht zu Supermännern oder Superfrauen!
Im Gegenteil: der Heilige Geist formt uns zu Menschen um, die ihre Grenzen akzeptieren und bejahen. Er macht uns zu Menschen, die sich helfen lassen können, ohne sich dabei in ihrer Ehre gekränkt zu fühlen.
Der Wahnsinn, alles selbst am Besten zu können, ist heidnisch! Und darum sollten wir ihn auch den Heiden überlassen.
Ein Christ nimmt gerne Hilfe in Anspruch, so wie er auch selbst, von sich aus gerne Hilfe anbietet. Mose, dem Führer des Volkes Israel, wird Hilfe zugesagt.

Wir stehen hier in 4. Mose 11 an einem Punkt der Geschichte Israels, der das Ende der zentralistischen Führungsstruktur markiert.

Es folgt das charismatische Prinzip der 'shared responsibility' der 'geteilten Verantwortung'.
V. 16f (frei nach: Guter Nachricht)
Und der Herr sprach zu Mose: Versammle siebzig angesehene Männer aus dem Kreis der Ältesten Israels, solche, die sich bewährt haben, und hole sie zum Zelt meiner Gegenwart und stelle sie vor dich.

Ich werde dann herabkommen und werde von dem Geist, den ich dir gegeben habe, einen Teil nehmen und ihnen geben.
Dann können sie die Verantwortung mit dir teilen, und du brauchst die Last nicht allein tragen.

Geteilte Verantwortung: Es hat gute Gründe, dass Führungsaufgaben ab einer bestimmten Größenordnung konsequent delegiert werden sollten. Und das gilt nicht nur in der Politik und in Unternehmen, sondern ebenso in der Familie und in der Gemeinde.
Auch in einer Familie ist es gut, wenn nicht nur Einer das Sagen und die Verantwortung hat, sondern Verantwortung bewusst geteilt wird. Dabei können sogar Kinder ihren Anteil bekommen, damit sie lernen, Verantwortung bewusst zu übernehmen.
Besonders in den Lebenszusammenhängen der Gemeinde hat diese Übernahme von Teilverantwortung natürlich auch noch eine geistliche Dimension.
Jeder, der sich in einer Gemeinde engagiert, darf nämlich wissen:
Es ist Gott selbst, der mich an dieser Stelle haben möchte und zu diesem Dienst beruft.
Zum Teil geschieht eine solche Berufung zu einer bestimmten Aufgabe sicherlich nach ganz menschlichen Maßstäben. Unsere Fähigkeiten und Begabungen sind nicht unerheblich.
Auch Mose wird angewiesen, nicht einfach irgendjemand als Führungskräfte zu berufen. Angefragt werden vielmehr solche Menschen die sich – wie es im Text heißt - bewährt haben.
Denn darum geht es für Verantwortungsträger: um Zuverlässigkeit und Treue. Dennoch: das Entscheidende ist dann etwas Anderes. Das Entscheidende ist, das Gott selbst sie für ihre Aufgabe zurüstet.

Und das geschieht, indem Gott Menschen durch seinen Geist stärkt, befähigt und inspiriert.
Ein wichtiges Kennzeichen der Inspiration durch Gott ist dabei, dass er uns auch durch „Durststrecken" hindurch trägt. So wie den Mose. Wir sind also nicht zurückgeworfen auf uns selbst und auf *unsere* Lust oder Begeisterung, etwas zu tun. Denn damit kann es unter Umständen schnell vorbei sein. Nein, wir dürfen wirklich damit rechnen, dass Gottes Geist uns neu durchatmen lässt, wenn uns selbst zuweilen die Luft ausgeht.
Das ist gut zu wissen, bewahrt allerdings nicht automatisch vor dem Burnout!
Daher sollte das gerade Gesagte nicht im Sinne einer geistlichen Verpflichtung zur Mitarbeit im Sinne eines „ewigen Gelübdes" missverstanden werden." Niemand ist verpflichtet, seine zahlreichen Ehrenämter bis in alle Ewigkeit weiterzuführen, nur weil es innerhalb der Gemeinde vielleicht an Phantasie und Kreativität mangelt, neue Mitarbeiter zu gewinnen.
Darum noch einmal: Es geht in dieser Geschichte und an Pfingsten um *gemeinsames* Tragen, *gemeinsame* Verantwortung, *gemeinsames* Leben unter der Leitung des Geistes Gottes. Und diese Haltung gibt all unserem Tun einerseits einen 'heiligen Ernst' und andererseits eine 'heitere Gelassenheit'.
Der 'heilige Ernst' besteht darin, dass ich mich als Christ, wie gesagt, nicht einfach verdrücken kann, wenn mir etwas nicht mehr passt.
Es ist vielmehr so, dass Gott einen Menschen zu einer Aufgabe beruft und von einer Aufgabe entbindet, wenn es denn an der Zeit ist.
Und zu beidem bedarf es einer klaren geistlichen Gewissheit.
Genauso gibt es da aber eben auch diese „heitere Gelassenheit". Und die zeigt sich z.B. darin, dass ich meine Aufgabe nicht vergötzen muss

und sie auch immer wieder innerlich loslassen kann, weil ich weiß: Es ist im Letzten Gottes Sache!

Von Papst Johannes XXIII ist ein bemerkenswertes Zitat überliefert, dass gerade diesen letzten Aspekt sehr schön zum Ausdruck bringt.

Als er einmal von der Last seines Amtes schier zusammenzubrechen drohte, da habe, so berichtet der Papst, Gott ihm einmal im Gebet zugeflüstert:

„Ach, Giovanni, nimm Dich nicht so fürchterlich wichtig!“ – Danach sei es ihm leichter ums Herz geworden.

Das Beispiel des Mose zeigt: Wir müssen nicht die Glaubenshelden spielen, die alles im Griff haben. Der Geist Gottes hat Freude an der Authentizität und an der Wahrheit

Und der Geist Gottes führt in das Gespräch mit Gott und zu einer Entlastung „im Zelt der Begegnung.“

Ich finde das übrigens bemerkenswert: Die Berufung der Ältesten und ihre Erfüllung durch den Geist Gottes, ereignet sich nicht auf der „grünen Wiese“, sondern an einem ganz bestimmten Ort.

Einen Tempel oder eine Kirche hatten die Israeliten bekanntlich auf der Wanderschaft in der Wüste noch nicht. Aber sie hatten diese Stiftshütte, dieses „Zelt der Begegnung.“

Das war der Ort, von dem Gott den Israeliten versprochen hatte: „Hier will auf Euch hören und hier will ich Gemeinschaft mit Euch haben. Hier habt Ihr Gelegenheit, mir alles vorzutragen, was Euch bewegt und es mir vorzutragen.“

Um nichts anderes geht es auch, wenn wir uns in unserer Kirche zum Gottesdienst versammeln. Hier, im Haus Gottes, im Hören auf sein Wort und im gemeinsamen Gebet kommt Gottes Geist zum Zuge und möchte in uns Raum nehmen – damals wie heute!

Hier, im Gottesdienst, darf Kraft geschöpft, darf ausgeruht und Klarheit für die Dinge gewonnen werden, die es zu verändern gilt. Hier bekommen wir Orientierung und brauchen uns nicht mehr ängstlich um uns selbst zu sorgen, weil eins vor allem anderen klar wird:
Gott sorgt sich *um* uns und er sorgt in unvergleichlicher Weise *für* uns.
Ich bin getragen. Ich bin gehalten und bevollmächtigt durch den Heiligen Geist.
Das ist die große Freiheit, in die der Heilige Geist uns führt.
Pfingsten ist das Fest dieser lebendigen Erfahrung.

Möge Gott uns alle mit seinem Heiligen Geist ausrüsten und mit der nüchternen Klarheit beschenken, die ihn auszeichnet.
Denn ich bin sicher: Dann bekommen wir den Mut, Verantwortung zu übernehmen, miteinander zu leben und gemeinsam den Auftrag zu erfüllen, den Gott uns als seiner Gemeinde gegeben hat.
Amen.

Printed by Books on Demand GmbH, Norderstedt / Germany